Die
Urſachen des techniſchen Fortſchrittes.

Die Ursachen
des
Technischen Fortschrittes.

Von

Otto Kammerer,
Professor an der Technischen Hochschule in Charlottenburg.

Erweiterter Sonderabdruck aus dem 132. Band der Schriften
des Vereins für Sozialpolitik.

Mit 48 Schaubildern.

Leipzig,
Verlag von Duncker & Humblot.
1910.

Alle Rechte vorbehalten.

Altenburg
Pierersche Hofbuchdruckerei
Stephan Geibel & Co.

Inhalt.

	Seite
Gliederung	1
Kraftgewinnung	2
Kraftverteilung	8
Stoffgewinnung durch Bergbau	10
Stoffverarbeitung im Hüttenwerk	13
Stoffverarbeitung im Stahlwerk	14
Metallbearbeitung	16
Erdarbeit	18
Fernverkehr	19
Umschlagverkehr	22
Siedlungstechnik	25
Kriegstechnik	27
Die Verwertung des Menschen in der Technik	27
Zusammenfassung	33

Gliederung.

Durchblicke durch das vielgestaltige Getriebe der Industrie lassen sich nur gewinnen, wenn man von einer Gliederung ihrer Tätigkeit in Hauptgruppen ausgeht. Wählt man den kulturellen Zweck der technischen Arbeit als Grundlage für die Gliederung, so ergeben sich folgende Hauptgruppen.

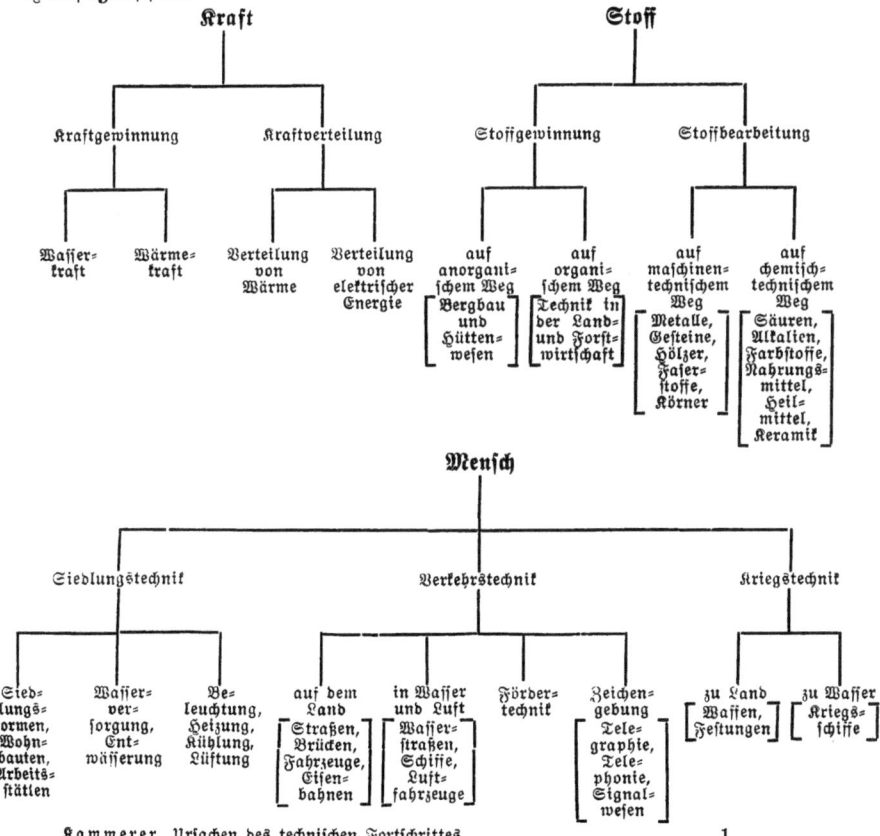

Ordnet man die technische Arbeit nach ihren Endzielen, so gelangt man zu der Gruppierung: Kraft, Stoff, Mensch (siehe das Diagramm auf S. 1). Die Einteilung in drei Hauptgruppen ergibt sich aus folgender Überlegung. Die Grundlage, auf der sich die ganze moderne Technik aufbaut, ist die Verwertung der Naturkraft: ihre Gewinnung und Verteilung muß daher an erster Stelle stehen. Die zweite Hauptgruppe umfaßt die Gewinnung der Rohstoffe und ihre Verarbeitung. Die dritte Gruppe aber ergibt sich aus dem Endzweck von Naturkraft und Stoff: aus der Bedeutung der Technik für die Lebensgestaltung des Menschen.

Die Bedürfnisse des Menschen lassen sich in drei Untergruppen gliedern: die erste umfaßt alles das, was die Herstellung von Ansiedlungen betrifft. Dem Bedürfnis des Wohnens schließt sich das Verkehrsbedürfnis an; dem friedlichen Verkehr steht der feindliche Verkehr gegenüber.

Von diesen Hauptgruppen sind für den vorliegenden Bericht nur diejenigen in Betracht gezogen worden, die zur Metallindustrie gehören; es geschah dies, um eine Beschränkung auf den Bereich herbeizuführen, der im Gesichtskreis des Berichterstatters liegt. Hiernach ergab sich folgende Gliederung:

Kraftgewinnung,
Kraftverteilung,
Stoffgewinnung durch Bergbau,
    Roheisenerzeugung,
    Flußeisenerzeugung,
Stoffbearbeitung,
    Metallbearbeitung,
Verkehrstechnik,
    Fernverkehr,
    Umschlagverkehr (Fördertechnik),
Siedlungstechnik.

Im Anschluß an die technische Umgestaltung der menschlichen Ansiedlungen werden als Schlußabschnitt behandelt die

Verwertung des Menschen in der Technik.

Kraftgewinnung.

Die technische Umgestaltung der Welt begann mit der Einführung der Dampfmaschine. Bis zum Ausgang des 19. Jahrhunderts blieb die Dampfkraft die wesentlichste Triebkraft. Die Wasserkraft gewann erst Bedeutung nach Einführung der elektrischen Kraftübertragung.

verbrauchs. Es zeigt, daß das Erfindergenie auf eine andere Bahn überspringt, sobald auf dem bisher betretenen Wege das Optimum erreicht ist, und daß bis zur Vollkommenheit noch ein weiter Weg zurückzulegen ist.

In gleicher Weise sind in Fig. 3 der Kohlenverbrauch, die Kesselspannung und die Maschinenleistung von Schiffsmaschinen des Norddeutschen Lloyd und der Hamburg-Amerikalinie aus der Zeit von 1846 bis 1900 dargestellt. Man erkennt, daß der Kohlenverbrauch von 3,5 kg auf 1,5 kg für eine Pferdestärkestunde gefallen ist, während die Kesselspannung von 1 Atm. auf 10 Atm. gestiegen ist.

Die Entwicklung der Wärmekraftmaschinen ist gegenwärtig an einem Scheideweg angelangt: es ist unsicher, ob dem Dampfkessel mit Dampfturbine oder dem Gasgenerator mit Gasmaschine die Zukunft gehören wird. Sollte es gelingen, eine Gasturbine herzustellen, deren Gasverbrauch nicht größer ist als der der Gaskolbenmaschine, so würde die Gasturbine voraussichtlich die Wärmekraftmaschine der Zukunft werden.

Die Anlagekosten der Wärmekraftmaschinen, bezogen auf eine Pferdestärke, sinken mit Zunahme der Maschinengröße: das Schaubild Fig. 4 läßt den Einfluß der Maschinengröße sofort erkennen. Dieser Zusammenhang bringt es mit sich, daß man größere Maschinen sehr viel vollkommener in den Einzelheiten durchbilden kann, ohne die Anlagekosten zu sehr zu vergrößern. Es wird daher das Optimum der Wirtschaftlichkeit durch einfache Vergrößerung der Wärmekraftmaschinen sehr wesentlich verbessert.

Die Wirkung der Maschinengröße auf den Wärmeverbrauch ist aus dem Schaubild Fig. 5 ersichtlich.

Die Wirtschaftlichkeit der Dampfkraftanlagen wird also um so besser, je größer die Maschinenanlage ist. Zwar sind die jüngsten thermotechnischen Verbesserungen — die Einführung der Überhitzung bei den Dampfmaschinen und der hohen Verdichtung bei den Verbrennungsmaschinen — den Kleinmaschinen ebenso zugute gekommen, wie den Großmaschinen; aber die Kraftgewinnung im Großen hat die Vorteile geringerer Anlagekosten, kleinerer Bedienungskosten, billigerer Zufuhr und Einbringung des Brennmaterials.

Die Bedienungskosten der Wärmekraftmaschinen wurden zunächst durch Einführung der selbsttätigen Schmierung verringert. Bei den Dampfturbinen ergab sich diese von selbst aus der Notwendigkeit, den Lagern Drucköl zuführen zu müssen. Neuerdings ist man auch bei den Kolbenmaschinen zur selbsttätigen Ringschmierung und Zentralschmierung übergegangen.

Von weit größerem Einfluß auf die Bedienungskosten war die Einführung der selbsttätigen Feuerung.

Die Feuerung der Kessel von Hand verlangt eine große Anzahl sorgfältig eingeübter Heizer; ungeschickte Heizer verursachen größeren Kohlenverbrauch und starke Rauchentwicklung. Der Ersatz der Heizer durch eine Maschine war darum besonders schwierig, weil die Maschine so gestaltet werden mußte, daß sie wechselnder Belastung schnell angepaßt werden kann, daß die Regelung also rasch und sicher bewirkt werden kann. Eine gute Lösung der Aufgabe brachte der sogenannte Kettenrost Fig. 6. Die Kohlen werden durch eine selbsttätige Transportvorrichtung dem im Bilde sichtbaren Trichter stetig zugeführt. Eine einstellbare Regelvorrichtung läßt die Kohlen aus diesem Trichter auf einen Rost fallen, der nicht wie bei der Handfeuerung aus festliegenden Roststäben, sondern aus einer endlosen Kette von Roststäben besteht, die über zwei Walzen läuft. Die vordere Walze wird durch einen Elektromotor langsam gedreht, so daß der Kettenrost sich langsam von dem Trichter nach dem Feuerungsraum zu bewegt. Er nimmt infolgedessen die aus dem Trichter fließende Kohle stetig in den Verbrennungsraum mit, so daß eine ganz gleichmäßige Zufuhr der Kohle entsteht. Die Schlacke fällt selbsttätig herunter, sobald der Kettenrost sich über die im Verbrennungsraum liegende Walze nach unten bewegt.

Das Schaubild Fig. 7 zeigt das wirtschaftliche Ergebnis der Einführung von Kettenrosten und von Transportbändern in einem Kesselhaus. Vor dem Einbau waren 54 Heizer und 2 Oberheizer notwendig, die zusammen einen Lohnaufwand von 0,164 Mk. für 1 Tonne Dampf erforderten. Nach dem Einbau waren nur noch 20 Heizer zur Regelung der Kettenrostbewegung beschäftigt, sowie 2 Oberheizer und 2 Maschinisten zur Instandhaltung. Die hochwertigen Arbeiter mußten also um das Doppelte vermehrt werden, während die Zahl der ungelernten Arbeiter im Verhältnis von 2,5 zu 1 sich verminderte. Der Lohnaufwand sank insgesamt auf 0,061 Mk. für 1 Tonne Dampf; dazu kommen die Kosten für Verzinsung und Tilgung der Kettenroste und Transportbänder im Betrag von 0,034 Mk., so daß sich die Bedienungskosten insgesamt auf 0,095 Mk., also auf zwei Drittel des ursprünglichen Wertes verminderten. Diese Ersparnis wurde dadurch erreicht, daß an Stelle der ungelernten Arbeiter vollkommene Maschinen und hochwertige Arbeiter traten.

Man hat versucht, nicht die Erfindung der Dampfmaschine, sondern andere Dinge als Ursachen für die ungeheure wirtschaftliche Umwälzung des 19. Jahrhunderts hinzustellen.

Unter dem Schutze der politischen Freiheit war in England bereits im 18. Jahrhundert eine sehr rege gewerbliche Tätigkeit entstanden, die zu einem starken Verbrauch von Holz und damit zu einer zunehmenden Entwaldung Englands führte. Die zum Ersatz verwendete Steinkohle wurde aus flachen Mulden gewonnen, die sehr viel Wasserzulauf hatten. Die erforderliche Pumparbeit wurde durch Pferdegöpel geleistet, nahm aber bald solchen Umfang an, daß der Untergang der Kohlengruben bevorstand. Die harte Not führte nach vielen mißlungenen Versuchen zu den unbeholfenen atmosphärischen Dampfmaschinen Newcomens, bis schließlich Watt seine in allen Einzelheiten betriebsbrauchbare und wirtschaftliche Niederdruckdampfmaschine nach einer unablässigen Arbeit von vielen Jahren in Betrieb brachte.

Von den Bergleuten der damaligen Zeit wurde der ungeheure Wert der Erfindung sofort erkannt und genutzt. Auch die Einführung der Dampfmaschine in die Fabriken ging sehr schnell vor sich und führte zu einer vollständigen Umgestaltung der Industrie und zur Verdrängung der Kleinbetriebe durch den Großbetrieb. Die ganze wirtschaftliche Entwicklung des 19. Jahrhunderts wäre unmöglich gewesen ohne die Erfindung der Dampfmaschine.

Es ist auch darauf hingewiesen worden, daß es vor der Dampfmaschine bereits Arbeitsmaschinen, wie z. B. Pumpen und Mahlgänge, gab. Das ist richtig; aber diese Arbeitsmaschinen waren wirtschaftlich vollständig bedeutungslos, solange sie von Menschen oder Tieren gedreht werden mußten.

Im besonderen ist darauf aufmerksam zu machen, daß der Begriff „Bewegung" nicht ausreicht, um das Wesen der Maschine zu kennzeichnen. Die Definition von Reuleaux, wonach das allgemeine Prinzip der Maschine die Bewegungserzwingung ist, muß heute als veraltet bezeichnet werden. Nach dieser Definition würden beispielsweise Uhren und Schrittzähler Maschinen sein, während sie tatsächlich nur Instrumente sind. Dagegen würden nach dieser Definition Dynamomaschinen und Kältemaschinen nicht zu den Maschinen gehören. In Wirklichkeit muß man als Maschine jede Einrichtung ansprechen, **die zur Verwandlung von mechanischer Arbeit in die gleiche oder eine andere Energieform und umgekehrt dient.** So verwandelt beispielsweise

die Dampfmaschine: Wärme in mechanische Arbeit,
die Kältemaschine: mechanische Arbeit in Wärme,
der Elektromotor: elektrische Arbeit in mechanische,
die Dynamomaschine: mechanische Arbeit in elektrische,

die Gasmaschine: chemische Arbeit in mechanische,
die Werkzeugmaschine: mechanische Arbeit in Formänderungsarbeit,
die Hebemaschine: mechanische Arbeit in Transportarbeit.

Auch die Wirtschaftlichkeit der Wasserkraftanlagen wächst mit ihrer Größe. In dem Schaubild Fig. 8 sind zunächst die Anlagekosten ausgeführter Wasserkraftanlagen mit weniger als 5 m Gefälle — bezogen auf eine Pferdestärke — durch Doppelkreise bezeichnet: die durch sie hindurchgezogene Linie ergibt eine Kurve, die mit zunehmender Größe erst sehr rasch, dann langsam fällt und einem Mindestwert von etwa 500 Mk. für eine Pferdestärke (einschließlich des elektrotechnischen Teiles der Anlage) asymptotisch sich nähert. Ferner sind die ausgeführten Anlagen von mehr als 50 m Gefälle durch Kreuze bezeichnet; auch die Kurve dieser Anlagen fällt erst rasch und dann langsam mit zunehmender Größe, aber die 50 m Kurve erscheint verschoben gegen die 5 m Kurve: das Fallen beginnt später als bei geringerem Gefälle und setzt sich weiter fort; die Linie strebt einem Mindestwert von etwa 150 Mk. für eine Pferdestärke zu.

Die wirtschaftlichen Bedingungen der Wärmekraftgewinnung sowohl wie der Wasserkraftgewinnung treiben also dazu, die Kraftgewinnung in möglichst große Kraftwerke zusammenzudrängen.

Kraftverteilung.

Diese Zusammenballung der Kraftgewinnung ist nur möglich, wenn technische Mittel zu einer wirtschaftlichen Kraftverteilung verfügbar sind. Die Ausbildung dieser Mittel hat das 19. Jahrhundert in Anspruch genommen; die Schwierigkeit der Aufgabe ist aus der Vielzahl der versuchten Mittel erkennbar. Das zuerst versuchte Mittel, die Kraftverteilung mittelst Wellenleitungen, ist heute auf Einzelräume beschränkt; es wird weder zur Übertragung in ein anderes Gebäude noch in anderes Stockwerk benutzt; auch die durch eine lange Halle gestreckten Wellenstränge sind im Verschwinden begriffen. Der Halbmesser des mit diesem Verteilungsmittel bestrichenen Gebietes erreicht heute nicht viel mehr als 10 m. Das zweite Mittel, die Kraftverteilung mittelst Dampfleitungen, war vor einem Jahrzehnt noch sehr verbreitet, namentlich in Bergwerken und Hüttenwerken; heute hat das Verteilungsgebiet kaum mehr als 100 m Halbmesser. Ein drittes Mittel, die Kraftverteilung durch Druckwasser, ist heute auf den Antrieb von Pressen beschränkt, wobei der Halbmesser der Verteilung über 100 m nicht hinausreicht. Das vierte Mittel, die Druckluftkraftverteilung, hat in dem Antrieb von Stoßwerkzeugen ein enges, aber wichtiges Anwendungsgebiet gefunden; die Länge der Druckluftleitungen ist infolge elektrischen Antriebes der Kompressoren sehr beschränkt worden; sie reicht bei neuen Anlagen nicht über 100 m hinaus. Für den Antrieb rotierender Maschinen wird heute weder Druckwasser noch Druckluft verwendet. Mit Ausnahme der erwähnten Sondergebiete wird alle Kraftverteilung heute mittelst elektrischer Leitungen bewirkt. Der wirtschaftlich mögliche Verteilungshalbmesser reicht in einzelnen Fällen — bei großen Wasserkraftanlagen — bis zu 100 km und noch darüber. In allen anderen Fällen wird die wirtschaftliche Grenze gegenüber der Kraftverteilung durch Kohlentransport nur durch den Kostenaufwand für das Leitungsnetz gezogen, der im Verhältnis zu den Gesamtkosten um so größer ausfällt, je dünner das Verteilungsgebiet mit Abnahmestellen besetzt ist und je ungleichmäßiger die Kraftentnahme ist.

Einen Einblick in die wirtschaftlichen Verhältnisse geben folgende Beispiele:

Kraftverteilung des Hüttenwerks Peine:
    Kraftwerk . . . . 10 000 P. S.
    Spannung . . . . 500 Volt
    ca. 250 Elektromotoren.

Kraftverteilung des Hüttenwerks Gutehoffnungshütte:
    4 Kraftwerke zus. ca. 20 000 P. S.
    Spannung . . . 10 000 Volt
    Halbmesser . . . ca. 5 km.

Kraftverteilung der Berliner Elektrizitätswerke:
    6 Kraftwerke zus. . . . . . . 167 000 P. S.
    Halbmesser . . . . . ca. 10 km
    ca. 24 000 Elektromotoren zus. ca. 90 000 P. S.

Kraftverteilung des Überland-Kraftwerks Amsdorf:
    Spannung . . . . 15 000 Volt
    Halbmesser . . . ca. 10 km
    400 Transformatoren zus. 16 000 K. V. A.

Kraftverteilung der Urftalsperre:
    Kraftwerk . . . 6 000 P. S.
    Spannung . . . 35 000 Volt
    Halbmesser . ca. 30 km.

Kraftverteilung des Rheinisch-Westfälischen
Elektrizitätswerkes:
2 Hauptkraftwerke zuf. 50 000 P. S.
Spannung . . . . 10 000 Volt
Halbmesser . . ca. 30 km.

In Fig. 9 sind die Anlagekosten von Leitungsnetzen für Städte verschiedener Größe zusammengestellt; als Abszissen sind die Einwohnerzahlen der von den Leitungsnetzen umfaßten Bereiche aufgetragen und als Ordinaten die Kosten des Leitungsnetzes für 1 Kilowattstunde im Jahr, man erkennt, daß bei dichter Besiedlung — in Städten — die Leitungskosten nur wenig mit der Ausdehnung wachsen, während sie bei dünner Besiedlung — Überlandkraftwerke — mit der Ausdehnung rasch zunehmen.

Die zunehmende wirtschaftliche Verbesserung der elektrischen Kraftverteilung einerseits und das Streben nach Zusammendrängung der Kraftgewinnung anderseits führen zu einer zunehmenden Erweiterung der Verteilungsnetze und zu dem beginnenden Zusammenschluß benachbarter Leitungsnetze. Industrieanlagen, die die Arbeit der Kraftmaschine lediglich mittelst Wellensträngen auf die Arbeitsmaschinen verteilen, finden sich nur noch in ganz kleinem Maßstab; sobald eine Kraftverteilung in mehrere Räume oder gar Gebäude notwendig wird, wird der elektrische Strom als Verteilungsmittel benutzt. Die Wasserkräfte und Gichtgase konnten überhaupt nur mittelst der elektrischen Kraftverteilung nutzbar gemacht werden. Der Umladeverkehr in großem Maßstab ist erst durch den elektrischen Antrieb wirtschaftlich gestaltet worden.

Dem Bestreben nach der Zusammenballung der Kraftgewinnung steht also als natürlicher Ausgleich die zunehmende Entwicklung der Kraftverteilung und zwar mittelst des elektrischen Stroms gegenüber.

Kraftgewinnung und Kraftverteilung bilden die wichtigsten beiden Grundgedanken der neuzeitigen Technik; die Verbindung dieser beiden Gedanken bildet die eigentliche Grundlage für den Fortschritt der Maschinentechnik im letzten Jahrzehnt.

Stoffgewinnung durch Bergbau.

Die Bedeutung von Kohle und Eisen für die Produktivität der Industrie bedarf keiner Beleuchtung; sie geht aus der Zunahme des Verbrauches ohne weiteres hervor.

Aus dem Schaubild Fig. 10 ist ersichtlich, daß die Steinkohlenförderung in Deutschland durch eine steil ansteigende Linie gekennzeichnet wird, die einer geraden Linie sehr nahe kommt. Da in Deutschland Kohleneinfuhr und Kohlenausfuhr sich ziemlich ausgleichen, so fällt die Linie des Kohlenverbrauches nahezu mit der Linie der Kohlenförderung zusammen. Einen ganz anderen Verlauf zeigt die Linie des Roheisenverbrauches in Deutschland: sie bildet keine gerade Linie, sondern zeigt in immer steiler werdendes Ansteigen, ist also kennzeichnend für die zunehmende Bedeutung der Eisenverwendung.

Wie sehr die Linie der Roheisenerzeugung das Wirtschaftsleben der Länder spiegelt, ist aus dem Schaubild Fig. 11 erkennbar: in Großbritannien ein geringes Steigen mit mäßig großen Schwankungen; in den Vereinigten Staaten ein sehr steiler Anstieg, unterbrochen durch tiefgehende wirtschaftliche Krisen; in Deutschland ein langsam, aber stetig zunehmender Anstieg mit geringen Schwankungen.

Der Kohlenbergbau stellt zwei technische Hauptaufgaben: Losbrechen der Kohle und Förderung zu Tag. Dazu treten als Hilfsaufgaben: Wasserhaltung, Bewetterung, Versatz.

Das Losbrechen der Kohle wird nahezu noch ganz durch Handarbeit bewirkt. An technischen Hilfsmitteln sind nur verfügbar: Gesteinsbohrmaschinen an Spreizsäulen, freihändige Bohrmaschinen und Schrämmaschinen. Die Verwendung von Maschinen wird sehr erschwert durch den engen Raum; im Ruhrgebiet werden Flöze bis herunter zu $1/2$ m Mächtigkeit abgebaut. Vorerst ist daher für diese Arbeit eine große Zahl von Häuern notwendig, die anstrengende körperliche Arbeit unter schwierigen Verhältnissen verrichten; enger Raum, hohe Temperatur. Die entsprechend hohen Löhne dieser großen Arbeiterzahl machen den Hauptanteil der Betriebskosten aus.

Bei der Förderung sind drei Stufen zu unterscheiden:

a) die Förderung vom Gewinnungsort bis zur Hauptstrecke;
b) „   „   in der Hauptstrecke bis zum Schacht;
c) „   „   im Schacht von der Sohle zur Hängebank.

Die unter a) genannte Förderung geschieht noch fast ausschließlich von Hand durch sogenannte Schlepper. Neuerdings werden Schüttelrinnen eingeführt. Die Schwierigkeit des Ersatzes durch Maschinenbetrieb liegt in dem fortwährenden Wechsel der Förderstrecke, der wiederholte Aufstellung nötig macht. Noch schwieriger wird die Aufgabe bei schwachen und unreinen Flözen. Für den Ingenieur liegt hier ein schwer zu überwindendes, aber wirtschaftlich reizvolles Problem vor.

Die unter b) erwähnte Förderung ist mit den verschiedenartigsten technischen Mitteln durchgeführt worden: Pferdezug, Kettenförderung, Seilförderung, Benzinlokomotiven, Druckluftlokomotiven, Akkumulatorlokomotiven. Gegenwärtig stehen die letztgenannten vier Mittel in Wettbewerb; entscheidend für die Auswahl sind die örtlichen Verhältnisse. Voraussichtlich wird die Lokomotivförderung den Sieg davontragen, weil sie nicht an bestimmte Strecken gebunden ist, sondern jederzeitige Betriebsänderung zuläßt. Die technische Schwierigkeit der Konstruktion von untertägigen Lokomotiven besteht in der notwendigen Zusammendrängung der Kraftleistung auf sehr engen Raum — dem Streckenquerschnitt entsprechend — und auf sehr geringes Gewicht — der geringen Tragfähigkeit der Geleise entsprechend.

Die unter c) genannte Schachtförderung wurde der großen erforderlichen Leistung wegen bereits im Mittelalter mit Pferden und Wasserkräften betrieben. Das ganze 19. Jahrhundert hindurch war die Dampffördermaschine allein in Anwendung. Seit dem Jahre 1900 hat die elektrisch betriebene Fördermaschine den Wettbewerb mit der Dampffördermaschine aufgenommen.

Auf der Leistung der Fördermaschine beruht die Leistungsfähigkeit des ganzen Bergwerks; es muß ein Kohlenstrom durch den der großen Anlagekosten wegen engen Schachtquerschnitt zutage gefördert werden. Bei einer Leistung von 100 t in der Stunde und bei 500 m Teufe ist eine Fördermaschine notwendig, die vorübergehend bis zu 1000 Pferdestärken abgeben kann.

Von den Hilfsaufgaben bedeutet die Wasserhaltung die Förderung eines Wasserstroms aus dem Bergwerk heraus, die Bewetterung die Herstellung eines Saugluftstroms aus der Grube heraus und der Versatz in der modernsten Form des Spülversatzes die Förderung eines Sandstromes in das Bergwerk hinein. Denn zur Vermeidung der Bergschäden einerseits und zur Gewinnung der sonst als Sicherheitspfeiler stehen gelassenen Kohle hat es sich als sehr zweckmäßig erwiesen, ein Gemenge von Sand und Wasser in die Hohlräume zu spritzen und das ablaufende Wasser wieder herauszupumpen, der zurückbleibende Sand bildet eine Art künstlichen Sandsteins, der die Hohlräume vollständig ausfüllt. Zum Betrieb der Hilfsmaschinen mit stoßender Bewegung (Gesteinsbohrmaschinen) muß ferner ein Druckluftstrom in die Grube hineingeleitet werden und zum Betriebe der Hilfsmaschinen mit Drehbewegung (Pumpen und Haspel) muß elektrischer Strom in die Grube geführt werden. Für die Berieselung trockener Strecken ist ein Wasserstrom notwendig. Endlich muß bei jedem Schichtwechsel ein Menschenstrom heraus und hineingeleitet werden.

Die Entwicklung des Kohlenbergbaues in Westfalen ist erkennbar aus den Schaubildern Fig. 12 und 13.

Aus dem Schaubild Fig. 12 ist zunächst ersichtlich, daß im Jahre 1850 die Förderung 130 t auf einen Mann betrug, während sie 1900 auf das Doppelte gestiegen ist. Trotzdem haben die Ausgaben für Löhne auf 1 t nicht abgenommen, sondern zugenommen, weil der Durchschnittslohn von 500 Mk. auf 1200 Mk. gestiegen ist. Die Ausgaben für Maschinenkraft für 1 t Kohle haben infolge Vervollkommnung der Maschinen von 1,60 Mk. für 1 t Kohle auf 1,30 Mk. für 1 t abgenommen. Insgesamt haben daher die Gestehungskosten von 5,20 Mk. für 1 t auf 5,90 Mk. für 1 t zugenommen.

Fig. 13 zeigt schließlich die zunehmende Erhöhung der Wettermenge auf eine Tonne und auf einen Mann, die ebenfalls eine wachsende Belastung der Gestehungskosten mit sich bringt. Die Vergrößerung der Wettermenge, d. h. der zugeführten Frischluft ist vorgenommen worden, um die Sicherheit gegenüber Schlagwettern zu erhöhen.

Die technischen Mittel des Bergwerkbetriebes bestehen also kurz gesagt in der Schaffung eines gewaltigen Fördersystems für Ströme aller Art, die alle Räume des Bergwerks durchlaufen und nur durch mächtige Maschinenleistungen in Umlauf gehalten werden können: **Ausnutzung der Naturkraft zur Raumüberwindung.**

Die Mittel, die im einzelnen zur Erreichung dieses Zweckes bei modernen Bergwerkbetrieben angewendet worden sind, führen im wesentlichen zurück auf die **Kraftgewinnung und Kraftverteilung, und zwar im größten bisher angewendeten Maßstab.**

Stoffverarbeitung im Hüttenwerk.

Das technische Mittel ist seit dem 15. Jahrhundert der Hochofen. Die grundsätzliche Anordnung ist heute die gleiche wie damals: er bildet gewissermaßen einen Gegenstromapparat, d. h. einen Schacht, in dem ein Strom von Erz und Koks und Zuschlägen langsam von oben nach unten in die Schmelzzone sinkt, und ein Strom von erhitzter Druckluft von unten nach oben steigt, der nach Beendigung des chemischen Vorgangs als ein Strom von Gichtgas oben abzieht, während unten ein Strom von flüssigem Roheisen und Schlacke herausfließt.

Die stündlich umgesetzten Stoffmengen eines Hochofens für 240 t täglicher Roheisenerzeugung sind in dem Schaubild Fig. 14 durch die Breiten der Bänder gekennzeichnet. Diese beträchtlichen Stoffmengen können nur durch Maschinenarbeit bewegt werden; es bildet also der Hochofenprozeß ein chemisches Verfahren, das nur durch maschinentechnische Mittel in dem notwendigen großen Maßstab und mit der erforderlichen Wirtschaftlichkeit durchgeführt werden kann. Die technischen Mittel sind nichts anderes als Förderungsmaschinen der verschiedensten Art: Aufzüge für die Bewegung des Erz-, Koks- und Kalksteinstromes auf die Gicht und Gebläse für den Druckluftstrom.

So einfach diese Aufgaben grundsätzlich sind, so hat doch erst das letzte Jahrzehnt die stärkste Entwicklung gebracht: bei den Gichtaufzügen lag die Schwierigkeit in der Herbeiführung selbsttätigen Arbeitens unter Ausschaltung fast aller Handlangerarbeit und mit trotzdem gleichmäßiger Verteilung des Erz- und Koksstromes über den ganzen Hochofenquerschnitt. Bei den Gebläsen brachten die mit gesteigerter Leistung wachsenden Abmessungen und Geschwindigkeiten der Ventile besondere Schwierigkeiten, die schließlich in der Konstruktion der Turbogebläse, d. h. in den nach dem Prinzip der Ventilatoren gebauten und durch Dampfturbinen oder Elektromotoren angetriebenen Gebläsen, ihre einfachste und darum wohl zukunftsicherste Lösung gefunden haben.

Stoffverarbeitung im Stahlwerk.

Solange die Verwandlung von Roheisen in schmiedbares Eisen nur durch das auf reiner Handarbeit beruhende Puddelverfahren bewirkt werden konnte, blieb das Schmiedeeisen ein kostbares Material, das nur in bescheidenem Umfang verwendet werden konnte. Die Anwendung in großem Maßstab wurde erst möglich durch das Birnenverfahren auf Grund der Erfindungen von Bessemer, Thomas und Gilchrist. Es besteht bekanntlich einfach darin, daß das aus dem Hochofen kommende flüssige Roheisen in die Birnen gefüllt und von Druckluft durchströmt wird, wobei der überflüssige Kohlenstoff, sowie Silizium, Mangan und Phosphor durch den Sauerstoff der Druckluft verbrannt werden. Da dieser Vorgang in zehn Minuten beendet ist, so übertrifft das Birnenverfahren an Leistungsfähigkeit alle anderen Verfahren. Seine Durchführung erfolgt ausschließlich mit Maschinenarbeit. Für letztere waren zwei technische Aufgaben zu lösen: die Erzeugung von Druckluft und der Transport von flüssigem Eisen und Stahl. Diese Aufgaben ließen sich ohne große Schwierigkeiten so lösen, daß nahezu alle Handlangerarbeit ausgeschaltet wurde.

Dem großzügigen Birnenverfahren gegenüber bildete die Einführung des Flammofenverfahrens nach Siemens und Martin anscheinend insofern einen Rückschritt, als die damit erzielte Verbesserung der Güte erkauft wurde durch kostspielige Handlangerarbeit. Die Beseitigung dieser letzteren bot beträchtliche Schwierigkeiten und konnte erst geschehen, als die elektrische Kraftverteilung die Konstruktion von rasch arbeitenden Ladekranen für die Flammöfen ermöglichte. Während bei dem Birnenverfahren das Roheisen in flüssigem Zustand, also in technisch bequemer Form eingefüllt wird, muß bei dem Flammenofenverfahren Schrott und Roheisen in festem Zustand eingeführt werden, was ein wesentlich umständlicheres Ladeverfahren verlangt. Die in einem Flammofen bei jeder Füllung herstellbare Menge — der Einsatz — ist zwar wesentlich größer als der Einsatz einer Birne, aber die zur Herstellung erforderliche Zeit erstreckt sich auf mehrere Stunden, so daß die Leistungsfähigkeit dem Birnenverfahren gegenüber wesentlich kleiner ist. Die Ausdehnung des Arbeitsvorgangs auf eine längere Zeit ermöglicht anderseits aber auch eine genaue Beobachtung und Regelung und sichert dadurch die Herstellung einer gleichmäßigen und hohen Güte des Stahls. Da die Technik der Gegenwart auf ganzer Linie Erhöhung der Güte aller Erzeugnisse anstrebt, so ist dieser Umstand von entscheidender Bedeutung für die Verbreitung des Flammofenverfahrens geworden.

Das Schaubild Fig. 15 stellt einen Vergleich der Wirtschaftlichkeit der genannten Stahlverfahren dar. Die Kosten für Kohle sind wegen des großen Abbrandes am höchsten bei dem alten Puddelverfahren, am niedrigsten bei dem Birnenverfahren. Die Ausgaben für Löhne erreichen ebenfalls den höchsten Betrag beim Puddeln, einen nicht viel geringeren beim Flammofenverfahren mit Handladung; dagegen stellt sich die Arbeit bei dem Flammofen mit Ladekran in den Löhnen ebenso niedrig wie bei dem Birnenverfahren. Die wirtschaftliche Durchführung des Flammofenverfahrens beruht also im wesentlichen auf dem Ersatz der Handlangerarbeit durch elektrisch betriebene Krane.

Das Schaubild Fig. 16 zeigt das wirtschaftliche Ergebnis eines bestimmten Falles aus der Praxis. Für das Laden von Martinöfen waren 10 gelernte und 36 ungelernte Arbeiter erforderlich. Durch den Einbau eines Ladekrans wurde ihre Zahl auf 14 gelernte und 2 ungelernte vermindert. Die Ausgaben für die reine Ladearbeit — also ohne den Aufwand für die Bedienung des Generatoren — betrugen 1,47 Mk. für die Tonne Flußeisen bei Handladung und 0,62 Mk. bei Maschinenladung; dieser wirtschaftliche Fortschritt wurde dadurch herbeigeführt, daß die Handlanger durch eine Maschine und durch hochwertige Arbeiter verdrängt wurden.

Die Flußeisengewinnung beruht demnach ebenso wie die Roheisengewinnung auf einem chemischen Verfahren, das nur mit maschinentechnischen Mitteln in dem notwendigen großen Maßstab und mit der erforderlichen Wirtschaftlichkeit durchgeführt werden kann. Die maschinentechnischen Mittel sind nichts anderes als Förderungsmaschinen der verschiedensten Art, die auf den gleichen Grundgedanken führen wie der Bergbau: Raumüberwindung durch Naturkraft.

Metallbearbeitung.

Die technischen Aufgaben des Bergbaues, des Hochofenbetriebes und der Flußeisenherstellung ließen sich zurückführen auf die Notwendigkeit, feste, flüssige und gasförmige Stoffe in Bewegung zu versetzen; die Mittel hierzu lassen sich zusammenfassen unter den Begriff „Fördermaschinen", oder Hebemaschinen in weitestem Sinne. Dem gegenüber besteht die Aufgabe aller „Bearbeitungsmaschinen" oder „Werkzeugmaschinen" darin, die Stoffe durch Trennung oder Pressung in eine neue Form zu bringen; der Zweck ist also nicht wie vorher Bewegung, sondern Umgestaltung.

Bei der Entwicklung der Werkzeugmaschinen lassen sich drei Stufen beobachten, die durch die Begriffe: Kraft, Genauigkeit, Selbsttätigkeit gekennzeichnet werden können.

Als Beispiel solcher Entwicklung mag die Drehbank ins Auge gefaßt werden, die eine der allerältesten Maschinen darstellt. Solange man Naturkraft nicht zur Verfügung hatte, wurde die Drehbank mittels Hand- oder Fußantriebes in Bewegung gesetzt: es konnten dementsprechend nur kleine Werkstücke bearbeitet werden. Der durch die Dampfmaschine zu Anfang des 19. Jahrhunderts möglich gewordene Kraftbetrieb der Drehbank brachte Steigerung der Kraft und Geschwindigkeit, ließ daher die Bearbeitung großer Werkstücke zu. Die Entwicklung zur Genauigkeit begann mit der Einführung des Supports, d. h. der zwangläufigen Führung des Drehstahls. Vollendet wurde die Genauigkeitsentwicklung mit Einführung der Revolverdrehbank für die Massenherstellung erst kleiner, später auch größerer Werkstücke. Das Wesen der Revolverbank besteht bekanntlich darin, daß für jeden Arbeitsvorgang, der an dem immer gleichen Werkstück auszuführen ist, ein besonderes Werkzeug benützt wird. Sämtliche Werkzeuge sind an einem von Hand drehbarem Kopf, dem Revolver, befestigt und zwar so, daß sie bis zu einer ganz bestimmten Arbeitstiefe eindringen. Es wird also das Einstellen der Werkzeuge, d. h. das Maßnehmen nur einmal vorgenommen und nicht wie bei der gewöhnlichen Drehbank bei jedem Stück wiederholt. Dadurch wird dem Arbeiter der schwierigste Teil der Arbeit — das Maßnehmen — abgenommen: er hat weiter nichts zu tun, als nach Beendigung jedes Arbeitsverfahrens den Revolverkopf soweit zu drehen, daß das nächste Werkzeug seine Arbeit beginnen kann. Naturgemäß ist sie nur für solche Arbeiten verwendbar, bei denen das gleiche Werkstück in großer Zahl hergestellt wird. Die Revolverbank benötigt nur rein mechanische Handgriffe ohne Anwendung besonderer Geschicklichkeit: sie degradiert infolgedessen den Dreher anscheinend zum Handlanger. Diese Folgerung wäre ein Trugschluß. Denn die Arbeit an der Revolverdrehbank besteht aus zwei ganz verschiedenen Tätigkeiten: aus der Einstellung der Bank und aus der Zuschiebung der Werkzeuge. Die Einstellung entspricht der Tätigkeit des Drehers an der gewöhnlichen Drehbank, mit dem Unterschied, daß sie an der Revolverbank für jede Art von Werkstücken nur einmal vorgenommen wird, während sie bei der gewöhnlichen Drehbank für jedes Werkstück wiederholt werden muß. Diese Einstellung muß bei der Revolverbank sehr sorgfältig und genau gemacht werden, erfordert also einen sehr intelligenten Arbeiter.

Die Zuschiebung dagegen ist eine reine Handlangertätigkeit, die durch Jungen verrichtet wird. Die dritte Stufe der Entwicklung — die Selbsttätigkeit — wurde durch die Konstruktion der sogenannten Automatbänke erreicht, die dort verwendet werden, wo ein Werkstück in sehr großen Mengen hergestellt wird. Auch die Automatbank verwendet für jeden Arbeitsvorgang ein besonderes Werkzeug, das auf ein bestimmtes Maß eingestellt wird, ehe die Arbeit beginnt. An der Bank befindet sich eine Trommel, die von der Maschine langsam und stetig gedreht wird und an ihrem Umfang einen Anschlag für jedes Werkzeug trägt; sobald ein solcher Anschlag auf das zugehörige Werkzeug trifft, schiebt er es in seine Arbeitsstellung vor und zieht es wieder zurück, sobald der Arbeitsvorgang beendet ist, worauf selbsttätig das zweite Werkzeug vorgeschoben wird. Die Zuschiebung wird bei den Automaten durch die Maschine selbst besorgt, es entfällt damit alle Handlangertätigkeit; die Einstellung dagegen muß hier mit besonderer Sorgfalt und Überlegung durch den sogenannten Richtmeister bewirkt werden.

In den Schaubildern Fig. 17 und 18 sind zwei Werkstücke — eine Schraube und ein Handgriff — und ihre Herstellungskosten auf der Drehbank, der Revolverbank und dem Automaten dargestellt und zwar für verschiedene Stückzahlen. Alle drei Maschinen arbeiten um so wirtschaftlicher, je größer die Anzahl der in einem Tag hergestellten Werkstücke ist.

Viele Werkzeugmaschinen haben erst die zweite Stufe erreicht, wie beispielsweise die Schmiedemaschinen. Die erste Stufe, der Dampfhammer, erreichte sehr schnell eine ungeheure Leistungsfähigkeit; genaue Arbeit konnte aber mit ihm nur durch sehr große Geschicklichkeit des Hammerführers erreicht werden. Die zweite Stufe, die Schmiedepresse, vereinigt Kraft und Genauigkeit, bedarf aber auch besonderer technischer Mittel, um die notwendigen großen Drücke zu erzielen, die bis zu dem Gewicht von 100 Lokomotiven ansteigen.

Das Endziel der Entwicklung ist: Bewegung eines Werkzeugs durch Naturkraft in bestimmter Bahn, mit bestimmtem Hub und mit selbsttätigem Wechsel des Werkzeugs oder kurz gesagt: Werkzeugbewegung durch Maschinenkraft.

Die Entwicklung der Maschinentechnik läßt sich schließlich zurückführen auf die Anwendung der bisher dargelegten vier Grundgedanken:

    Kraftgewinnung,
    Kraftverteilung,
    Förderbewegung durch Naturkraft,
    Werkzeugbewegung durch Naturkraft.

Erdarbeit.

Bei dem bisher betrachteten Arbeitsverfahren wurde entweder nur der dritte Grundgedanke — Raumüberwindung — oder nur der vierte — Werkzeugbewegung — angewendet. Die neueste Entwicklung der Maschinentechnik ist durch die Vereinigung beider Gedanken gekennzeichnet.

Ein Beispiel solcher Art bildet der neuerdings auch bei uns sich einführende Schaufelbagger Fig. 19. Die kübelförmige Schaufel dient als Werkzeug und als Fördergefäß zugleich; der Stiel der Schaufel ist auf em Ausleger eines fahrbarem Drehkrans so befestigt, daß er um diesen Befestigungspunkt in einer lotrechten Ebene geschwenkt, und daß er ferner in sich verschoben, also gewissermaßen verlängert werden kann. Die Bewegung in der lotrechten Ebene wird durch einen Kettenzug bewirkt. Der Arbeitsvorgang wickelt sich folgendermaßen ab: zunächst wird der Ausleger des Drehkrans um den lotrechten Mittelzapfen des Krans soweit geschwenkt, daß die Schaufel in die auszugrabende Rinne hinabreichen kann; dann wird durch Nachlassen des Kettenzuges die Schaufel bis zu ihrem tiefsten Punkt gesenkt. Nun beginnt die eigentliche Grabbewegung, bei der die Schaufel vorgeschoben und gleichzeitig nach oben geschwenkt wird; die gehärteten Stahlzähne der Schaufel dringen in das Erdreich ein und schneiden einen bogenförmigen Span ab, der in den Kübel hineinfällt. Die Abbildung zeigt die gefüllte Schaufel nach beendetem Schnitt in gehobener Stellung. Durch Schwenken des Auslegers wird die gefüllte Schaufel über den zu beladenden Wagen gebracht, und durch Öffnen der Bodenklappe wird der Schaufelinhalt in den Wagen entleert. Alle vier Bewegungen: Vorschieben der Schaufel, Heben der Schaufel, Seitwärtsschwenken des Auslegers und Fahren des ganzen Krans, werden durch Dampf oder elektrischen Strom betätigt; zur Steuerung sind bei Dampfbetrieb zwei Mann erforderlich, während bei dem einfacheren elektrischen Betrieb ein einziger Steuermann genügt. Außerdem sind einige Handlanger zum Schieben des Wagens, zum Verlegen der Schienen und der anderen Hilfsarbeiten erforderlich. Der wirtschaftliche Erfolg dieser Vereinigung von Werkzeug und Fördergefäß ist aus dem Schaubild Fig. 20 ersichtlich. Vor Anwendung des Baggers waren 25 Mann erforderlich, die Lohn im Betrag von 0,75 Mk. für 1 cbm Erde erhielten; nach Einführung des Baggers waren nur noch 8 Mann erforderlich mit einem Aufwand von 0,15 Mk. für 1 cbm einschließlich der Versicherungsbeträge. Hinzugekommen sind der Lohn des Steuermanns, die Verzinsung und Tilgung des Baggers und die Kosten für elektrischen Strom zum Betrieb des Baggers. Insgesamt sind die Kosten von 0,75 Mk. auf 0,25 Mk. für 1 cbm heruntergegangen. Die Ersparnis wurde durch die Ausschaltung der ungelernten Arbeiter erzielt.

Fernverkehr.

Der Einfluß der Verkehrsmittel äußert sich nach zwei Richtungen: auf die Kosten des Güterverkehrs und auf den Zeitaufwand des Personenverkehrs. Die Entwicklung ist aus den Schaubildern Fig. 22 und

23 erkennbar. Fig. 22 stellt die Transportwege dar, die in 12 Stunden mit verschiedenen Verkehrsmitteln zurückgelegt werden können und die rund gerechnet folgende Werte erreichen: 1800 mit Postwagen rund 50 km, 1850 mit Extrapost rund 100 km, 1850 mit Eisenbahnen rund 400 km, 1900 mit Eisenbahnen rund 800 km, 1850 mit Segelschiff rund 200 km, 1870 mit Dampfer rund 300 km, 1900 mit Dampfer rund 400 km.

Da die Verkehrslinien nicht gleichmäßig gut nach allen Richtungen, ausgebildet sein können, so müßten an Stelle der in diesem Schaubild gezeichneten Kreise tatsächlich Polygone treten. In dem Schaubild Fig. 21 sind die gegenwärtig von Berlin aus in 12 Stunden erreichbaren Orte durch ein Polygon verbunden; letzteres liegt beträchlich innerhalb des Kreises, der die Orte verbindet, die bei einer Reisegeschwindigkeit von 65 km in der Stunde in 12 Stunden erreichbar wären. Das Polygon erscheint als ein im Norden und Süden flachgedrücktes Gebilde, weil im Norden die See und im Süden die Alpen die Reisegeschwindigkeit verkleinern.

Im Schaubild Fig. 23 sind die Transportwege dargestellt, die bei einem Aufwand von 50 Mk. für die Tonne mit verschiedenen Verkehrsmitteln durchlaufen werden können und die auf dem Lande folgende Werte erreichen: 1800 mit Wagen rund 100 km, 1850 mit Eisenbahnen rund 400 km, 1900 mit Eisenbahnen rund 2500 km.

Für den Seeweg ist nur ein Zehntel des Maßstabes gewählt; bei einem Aufwand von 5 Mk. kann eine Tonne einen Weg von 2000 km durchlaufen.

Diese wirtschaftlichen Ergebnisse beruhen im Grunde genommen auf einer einzigen technischen Notwendigkeit: auf der Zusammendrängung der Kraftleistung auf engen Raum und auf geringes Eigengewicht. Als maßgebende Größe ist das Eigengewicht der Kraftmaschine für 1 P.S. zu betrachten.

Von allen Verkehrsmitteln entstand zuerst das Dampfschiff; denn für dieses war die Wattsche Niederdruckmaschine mit Kondensation, mit Balancierantrieb und mit geringer Umlaufzahl ohne weiteres verwendbar. Nur der eingemauerte Kessel mußte durch einen Kessel mit isoliertem Eisenmantel ersetzt werden. Aus dem Schaubild Fig. 24 ist ersichtlich, daß Raddampfermaschinen einschließlich Kessel im Jahre 1835 600 kg auf 1 P.S. wogen; im Jahre 1850 betrug das Gewicht 300 kg, also nur die Hälfte. Der Übergang zu den Schraubenschiffsmaschinen mußte zunächst mit einer Erhöhung des Eigengewichtes auf 400 kg erkauft werden; gegenwärtig wiegen die Schraubenschiffsmaschinen der Handelsdampfer nur noch 200 kg auf 1 P.S. Die erste erfolgreiche Lokomotive, die „Rocket" Stephensons, hatte ein Eigengewicht von 275 kg auf 1 P.S. bei einer Gesamtleistung von 20 P.S. Eine Schnellzugsmaschine der Hannoverschen Maschinenfabrik aus dem Jahre 1858 besaß ein Eigengewicht von 99 kg P.S. bei einer Leistung von 300 P.S., während eine neuzeitige Schnellzugsmaschine des gleichen Werkes 47 kg auf 1 P.S. wiegt und 1600 P.S. leistet. Aus dem Vergleich der Schiffsmaschinen-Entwicklungslinie mit der der Lokomotiven ist sofort erkennbar, wieviel schwieriger die Konstruktion der letzteren war: während bei den Schiffsmaschinen niedriger Dampfdruck und natürlicher Zug jahrzehntelang beibehalten wurde, mußte die Lokomotive von vornherein für hohen Dampfdruck und künstlichen Zug sowie mit hoher Umlaufzahl und direktem Schubstangenantrieb gebaut werden.

Der Vorsprung der Lokomotive vor der Schiffsmaschine hat sich bemerkenswerterweise fortwährend erhalten: bei Lokomotiven wurde der Heißdampfbetrieb bereits vor 10 Jahren eingeführt, während bei der Schiffsmaschine eben erst damit begonnen wird; die Ventilsteuerung ist in den letzten Jahren mit gutem Erfolg bei Lokomotiven eingeführt worden, während bei Schiffsmaschinen nur allererste Versuche vorliegen. Die Fortschritte der Landdampfmaschine sind immer erst sehr viel später auf die Schiffsmaschine übertragen worden.

Der erste Versuch eines Motorballons wurde von Giffard im Jahre 1852 ausgeführt: sein Ballon besaß bereits die zigarrenförmige Gestalt des heutigen Lenkballons; als Motor diente eine Dampfmaschine, die ebensoviel wog wie die oszillierenden, leichtgebauten Raddampfmaschinen jener Zeit: der Versuch mußte daher mißlingen. Den ersten Versuch mit einem Benzinmotor machte Hänlein im Jahre 1862: der Motor wog nur halb so viel wie Giffards Dampfmaschine, nämlich 150 kg P.S.: es wurde mit ihm vorübergehend eine Geschwindigkeit von nur 1 m/sec erreicht. Die ersten Versuche mit Daimler-Motoren wurden von Wölfert 1896 und von Zeppelin 1898 ausgeführt und zwar mit einem Eigengewicht von 45 bzw. 29 kg P.S., wobei mit dem Zeppelin-Fahrzeug eine Geschwindigkeit von 7,5 m/sec erreicht wurde, also eine Geschwindigkeit, die Fahrten nur bei ganz leichtem Wind gestattet. Im Jahre 1902 lieferten die Daimler-Werke einen Motor für Lebaudy, der nur 7 kg P.S. wog und 1906 einen Motor für Zeppelin mit einem Eigengewicht von 5 kg P.S. Mit diesen leichten Motoren war die Möglichkeit geschaffen, Lenkballons zu bauen. Tatsächlich glückten auch damals die ersten Versuche sowohl in Frankreich wie in Deutschland, wobei das sehr viel größere und viel sorgfältiger durchgebildete Fahrzeug Zeppelins den Sieg errang. Die neuzeitigen Flugmotoren sind bei einem Eigengewicht von 3 kg P. S. angelangt, womit Lenkballons von 15 m/sec Geschwindigkeit möglich geworden sind. Die Entwicklungslinie des Flugmotoreneigengewichts ist also zugleich eine Entwicklungslinie der Luftschiffahrt: sie zeigt, daß nicht der Aufbau des Fahrzeuges — ob starr, halbstarr oder unstarr — die Voraussetzung für den Erfolg bildete, sondern einzig und allein die Konstruktion des Motors. Die viel getadelten Autorennen haben den leichten Benzinmotor geschaffen, denn die Flugmotoren sind nichts anderes als leichtgebaute Automotoren.

Die Erfindung der Verkehrsmaschinen besteht allgemein ausgedrückt in der Lösung der Aufgabe: Kraftgewinnung auf kleinstem Raum und mit geringsten Eigengewicht zum Zweck der Raumüberwindung; es liegt also eine Vereinigung des ersten und des dritten Grundgedankens vor.

Umschlagverkehr.

Die entscheidende Wendung in der Entwicklung der Hebemaschinen wurde durch die elektrische Kraftverteilung herbeigeführt: denn erst diese erlaubte es, die Naturkraft über die nach allen Seiten beweglichen Krangerüste hin so zu verteilen, daß die Last nach den verschiedensten Richtungen hin bewegt werden kann. Gleichzeitig wurden die Spannweiten der Krangerüste immer mehr vergrößert, um größere Flächen beherrschen zu können; die Folge davon war eine starke Vergrößerung des in den Verladeanlagen festgelegten Kapitals.

Als ein Beispiel dieser Entwicklung mag die Entlöschung von Kohlendampfern betrachtet werden, die von England und Schottland her Kohle nach Hamburg bringen. Bis vor kurzem wurde die Kohle mit den an Bord befindlichen Dampfwinden in Kübeln an Deck gehoben, mit Dampfdrehkranen nach dem Kai geschwenkt und mit Schmalspurwagen über den Lagerplatz verteilt. Da bei dieser Arbeitsmethode die Kohlenkübel im Schiffsraum eingeschaufelt werden mußten, so war sehr viel Handlangerarbeit erforderlich.

Bei den neuesten Anlagen werden elektrisch betriebene Brückenkrane (Fig. 25) verwendet, deren Selbstgreifer (Fig. 26) unmittelbar in den Schiffsraum fassen, und die den ganzen Lagerplatz überspannen, so daß die Kohle aus dem Greifer unmittelbar auf den Kohlenhaufen fällt. Das Gerüst des Krans besteht aus einer Brücke, die parallel zum Kai verfahren werden kann, so daß sie die ganze Länge des Platzes bestreichen kann. Auf der Brücke fährt ein Drehkran, dessen Ausleger den Selbstgreifer trägt. Der Selbstgreifer besteht aus zwei Schaufeln, die durch Gelenk miteinander verbunden sind. Von den Enden der beiden Schaufeln laufen vier Druckstangen nach oben zusammen; zwischen den Endpunkt dieser Druckstangen und zwischen das Schaufelgelenk ist ein Rollenzug eingeschaltet. Der Arbeitsvorgang vollzieht sich folgendermaßen: der Kran fährt auf der Brücke bis an das wasserseitige Ende, der Kranausleger wird soviel seitwärts geschwenkt, daß der Selbstgreifer in die Schiffsluke hinabgelassen werden kann; der Greifer setzt sich im geöffnetem Zustande auf die Kohlen auf, wobei er ungefähr die Gestalt eines Raubvogels mit ausgebreiteten Schwingen zeigt. Sobald die Kette angezogen wird, verkürzt der Kettenzug die Entfernung zwischen dem Schaufelgelenk und dem oberen Endpunkt der Druckstangen; infolgedessen bewegen sich die Druckstangen nach unten, die Schaufeln dringen in die Kohle ein und füllen sich. Der geschlossene und gefüllte Greifer wird nun hochgezogen, wobei gleichzeitig der Kranausleger seitwärts schwenkt und der Kran auf der Brücke landwärts fährt, so daß der Greifer in einer schrägen Linie aus dem Schiff heraus und über den Kohlenlagerplatz befördert wird. Dort wird der Greifer entleert und kehrt dann leer über das Schiff zurück. Alle vier Bewegungen: Heben des Greifers, Schwenken des Auslegers, Fahren des Krans und Fahren der Brücke, werden durch Elektromotoren bewirkt und durch einen einzigen Mann gesteuert, der von seinem Standplatz im Kran sowohl das Schiff wie den Lagerplatz übersieht. Es wird hierbei das Einschaufeln der Kübel und die Umfüllung in Schmalspurwagen erspart. Voraussetzung dabei ist, daß der Dampfer als „Selbsttrimmer" gebaut ist, d. h. daß er sehr große Luken und keine Deckstützen besitzt, so daß der Greifer nahezu den ganzen Schiffsraum bestreichen kann: bei solchen Dampfern braucht nur der zehnte Teil der Ladung getrimmt zu werden.

Das wirtschaftliche Ergebnis dieser Entwicklung von der Dampfwinde zum elektrisch betriebenen Brückenkran ist aus dem Schaubild Fig. 27 erkennbar. Die früher erforderlichen 60 Mann Handlanger sind fortgefallen; an ihre Stelle sind zwei Steuerleute der Krane und zwei Anweiser an Bord getreten. Da die Krane schnell und genau gesteuert werden müssen, so sind nur umsichtige und gewandte Steuerleute brauchbar; ihr Lohn setzt sich aus einem festen Gehalt und aus einer Prämie für die geförderte Tonne zusammen und beträgt insgesamt etwa 200 Mk. monatlich.

Die zum Löschen notwendige Zeit hat sich von 26 Stunden auf 12 Stunden vermindert; der Dampfer kann daher eine größere Zahl von Reisen ausführen, die Kosten für seine Verzinsung und Tilgung werden dementsprechend kleiner. Neu hinzugekommen sind dagegen die Kapital= kosten für die Krananlage; da letztere sich mit der Verminderung der Dampferkapitalkosten gerade ausgleichen, so ist die Gesamtersparnis der neuen Anlage ausschließlich auf die Ausschaltung der Handlanger zurück= zuführen, die durch höherwertige Arbeiter und vollkommenere Maschinen ersetzt worden sind.

Die Wirtschaftlichkeit des Umschlagverkehrs wird besonders durch den Umstand beeinflußt, daß er nicht wie der Fernverkehr mit einer gewissen Regelmäßigkeit sich abwickelt, sondern daß er unstetig arbeitet; die eintreffenden Schiffe und Wagen müssen rasch gelöscht und geladen werden, um das in den Fahrzeugen festgelegte Kapital zu verzinsen; in den Pausen ruht die Anlage. Die wirklichen Betriebszeiten sind infolge= dessen kurz im Verhältnis zu den Ruhezeiten; der auf die Tonne Um= schlaggut entfallende Betrag der Zinsen und Tilgungskosten ist daher bei den Verladeanlagen stets sehr groß im Verhältnis zu dem Aufwand für elektrischen Strom und für Bedienung.

Der Bau von Verladeanlagen für hohe Betriebsstärken, wie sie in Hüttenwerken und Hafenanlagen gefordert werden, hat verhältnismäßig wenig Schwierigkeiten bereitet; dagegen hat es sich als sehr schwierig erwiesen, Verladeanlagen für geringe Betriebsstärken, wie sie für kleinere Kraftwerke notwendig sind, so zu bauen, daß die Kosten für Verzinsung und Tilgung unter der zulässigen Grenze bleiben.

Ein Beispiel mag die Abhängigkeit der Wirtschaftlichkeit von der Betriebsstärke beleuchten. Fig. 28 stellt eine Ladeanlage dar, bei der mittelst eines Drehkrans mit Greifer die Kohle aus dem Binnenschiff in einen Behälter gehoben wird, aus dem sie in die Wagen einer Hänge= bahn gefüllt und nach dem Lagerplatz gefördert wird. Ein Brückenkran nimmt die auf dem Platz gelagerte Kohle mit Greifer wieder auf und fördert sie in einen auf der Brücke befindlichen Behälter. Aus letzterem wird sie wieder in die Hängebahnwagen gefüllt und durch diese in das Kesselhaus gebracht.

Eine zweite Ausführungsmöglichkeit ist aus Fig. 29 ersichtlich. Hier ist lediglich eine Hängebahn aufgestellt, die mittelst mehreren Parallel= schienen und Weichen über den Lagerplatz geführt ist und anderseits über

25

die Kaimauer hinausragt. Laufwinden heben mittelst Greifern die Kohle aus dem Schiff und fördern sie ohne irgendwelche Umladung auf den Lagerplatz. Die gleichen Laufwinden werden verwendet, um die gelagerte Kohle wieder aufzunehmen und in das Kesselhaus zu bringen. An Stelle des Drehkrans und des Brückenkrans treten also hier einfache Laufwinden, die wesentlich geringere Anlagekosten erfordern, aber auch nur für kleinere Leistungen geeignet sind.

Das wirtschaftliche Ergebnis beider Ausführungen ist aus dem Schaubild Fig. 30 erkennbar. Die Anlage mit Laufwinden erzielt eine Höchstleistung von 300 000 t im Jahr, die Anlage mit Brückenkranen eine Jahresleistung von 600 000 t. Wird die Anlage nur mit einem Umschlag von 150 000 t im Jahr beansprucht, dann arbeiten die Laufwinden mit halb so großen Betriebskosten wie die Brückenkrane. Bei einem Jahresumschlag von 50 000 t erfordern die Brückenkrane ebenso hohe Kosten wie der primitive Handbetrieb, während die Laufwinden erst bei einem Umschlag von weniger als 15 000 t unwirtschaftlich werden.

Die technischen Mittel des Umschlagverkehrs — die elektrisch betriebenen Krane — beruhen auf der Anwendung des zweiten und dritten Grundgedankens der Maschinentechnik, auf der Kraftverteilung zum Zweck der Raumüberwindung.

Siedlungstechnik.

Daß der Übergang vom Dorf zur Stadt, von der einfachen Siedlungsform zur umfassenderen höher organisierten einen ungeheuren Einfluß auf die industrielle Tätigkeit ausgeübt hat, bedarf keiner Erläuterung. Hat sich doch erst in jüngster Zeit gezeigt, daß die Verlegung großer Werke aus der Großstadt in entlegene Vororte zu Schwierigkeiten hinsichtlich der Arbeiterqualität geführt hat, weil aus dem intensiven Wettbewerb der Großstadtbevölkerung intelligentere Arbeiter hervorgehen als aus der Vorortsbevölkerung, der die Wettbewerbsauslese fehlt. Die Frage nach den Ursachen der Steigerung der industriellen Tätigkeit ist daher in gewissem Sinne gleichbedeutend mit der Frage nach den Ursachen der Großstadtentwicklung.

Als technische Mittel, die dem Städtebau dienen, müßten alle diejenigen genannt werden, die eine Zentralisierung der Bewässerung und Entwässerung, sowie der Licht-, Wärme- und Kraftversorgung herbeiführen.

Von all diesen mag indessen hier abgesehen werden; nur der Einfluß der Verkehrsmittel auf den Städtebau soll ins Auge gefaßt werden, weil er am besten die Zukunftsentwicklung der Großstädte erkennen läßt.

Die Entwicklung Münchens in den letzten zwei Jahrzehnten ist in dem Schaubild Nr. 31 und 32 dargestellt, das die bebaute Fläche in den Jahren 1885 und 1901 zeigt. Um das Anwachsen der bebauten Fläche rasch übersehen zu können, sind in jeden Grundriß zwei Kreise von 3 und 5 km Halbmesser eingezeichnet. Im Jahre 1885 liegt die bebaute Fläche fast ganz innerhalb des Kreises von 3 km; es bestanden damals nur Pferdebahnen und zwar seit einem Jahrzehnt: diese Bahnen überschritten nur an zwei Stellen ein wenig den 3 km Kreis; an eben diesen Stellen ragt die bebaute Fläche über diesen Kreis hinaus. In das nächste Jahrzehnt fiel die Umwandlung der Pferdebahnen in elektrisch betriebene Bahnen, die eine doppelt so große Fahrgeschwindigkeit und eine entsprechende Verkürzung der Fahrzeit brachte: diese Entwicklung veränderte das Stadtbild, so wie es der Grundriß aus dem Jahre 1902 zeigt; weit über den 3 km Kreis hinausgreifende Ausläufer folgen den Straßenbahnlinien und reichen an einer Stelle sogar über den 5 km Kreis hinaus. Der polygonale Grundriß aus dem Jahre 1885 hat sich in den strahlenförmigen von 1901 verwandelt; die innerhalb des 5 km Kreises unbebaut gebliebenen Flächen sind im wesentlichen Parkanlagen.

Die gegenwärtige Entwicklung der Verkehrsmittel in Berlin zeigt das Schaubild Fig. 33. Es sind in diesem alle Orte, die von der Kreuzung der Leipziger und der Friedrichstraße aus mit der Stadtbahn, den Straßenbahnen oder der Untergrundbahn in einer halben Stunde erreichbar sind, durch einen polygonalen Linienzug verbunden. Der eingezeichnete Kreis verbindet die Orte, die in einer halben Stunde erreicht werden könnten, wenn nach allen Richtungen hin Bahnen mit einer Reisegeschwindigkeit von 30 km in der Stunde bestehen würden. Die zwischen dem Polygon und dem Kreis liegende schraffierte Fläche stellt gewissermaßen das Gelände dar, das infolge unvollkommener Verkehrsmittel wirtschaftlich minderwertig ist. Die gestrichelten Strahlen bezeichnen solche Orte, die in der Verlängerung von noch nicht weit genug ausgebauten Schnellbahnen liegen (über Westend und Großlichterfelde-Ost hinaus).

Während die Städte um die Mitte des 19. Jahrhunderts noch polygonale Umrisse zeigen, erscheinen sie jetzt als sternförmige Gebilde; die Sternstrahlen folgen den Vorortbahnen. Noch ist in keiner Stadt ein vollkommenes Netz von radialen elektrischen Schnellbahnen vorhanden; es läßt sich aber schon jetzt aus der bisherigen Entwicklung erkennen, daß die elektrischen Schnellbahnen noch viel mehr als die bisherigen langsamen Dampfvorortbahnen die Grundrisse der Städte in strahlenförmige Gebilde auflösen und die Wohndichte verringern werden.

Die technischen Mittel hierzu beruhen auf der Vereinigung des zweiten und dritten Grundgedankens der Maschinentechnik: Kraftverteilung zum Zweck der Raumüberwindung.

Kriegstechnik.

Die durch Muskelkraft bewegten Hieb- und Stichwaffen haben heute kaum mehr irgendwelche Bedeutung; sie werden noch getragen, aber kaum mehr gebraucht, denn die Entscheidung führen die von chemischer Naturkraft bewegten Geschosse der Feuerwaffen herbei. Bei diesen ist die Entwicklung die gleiche wie bei den Werkzeugmaschinen: zuerst nur das Streben nach Kraftentwicklung — das Vorderladegewehr —, dann Genauigkeit — das gezogene Gewehr —, hierauf rascher Wechsel des Werkzeugs d. h. in diesem Fall des Geschosses — das Magazingewehr — und schließlich selbsttätiger Wechsel des Werkzeuges — das Maschinengewehr. Die Feuerwaffe beruht auf der Anwendung des ersten und des vierten Grundgedankens der Maschinentechnik: Gewinnung von Naturkraft und ihre Anwendung zur Werkzeugbewegung.

Die Verwertung des Menschen in der Technik.

Großbetriebe gab es bereits in der Antike, wenn man als Kennzeichen des Großbetriebes nur die Zahl der vereinigten Arbeitskräfte gelten läßt; aber diese Betriebe beruhten nur auf einer Summierung der Handarbeit vieler Menschen, nicht auf einer Potenzierung der menschlichen Intelligenz und Gewandtheit durch eine zweckmäßige Organisation. Der antiken Industrie war der Mensch nichts anderes als eine Muskelmaschine; bezeichnend hierfür ist die Tatsache, daß Wassermühlen bereits in Rom erfunden worden waren, daß sie aber erst zur Zeit Belisars bei einer Belagerung angewendet wurden; Sklaven waren einfacher und billiger zu unterhalten.

Auch die Manufakturen des 18. Jahrhunderts waren nicht Großbetriebe in unserem Sinn, denn auch sie stellten nur eine kaufmännische Zusammenfassung von Handarbeiten, nicht aber eine Organisation von Menschen und Naturkräften dar.

Erst die Dampfmaschine schuf die Möglichkeit solcher Organisation. Allerdings waren in der ersten Hälfte des 19. Jahrhunderts die Maschinen noch so unvollkommen, daß sie sehr viel menschliche Beihilfe benötigten: bei den allerersten Dampfmaschinen mußten sogar die Steuerhähne nach dem Takt der Maschine auf und zu gedreht werden. In der zweiten Hälfte des Jahrhunderts wurden die Maschinen mehr und mehr dahin entwickelt, daß sie nicht nur die Hauptbewegungen, sondern auch die Hilfsbewegungen selbsttätig ausführten; immerhin war noch viel Handlangerarbeit notwendig. Solange die Löhne der sogenannten ungelernten Arbeiter niedrig waren, war auch das Bedürfnis nach Beseitigung der Handlangerarbeit nur gering. Mit dem Aufsteigen der gelernten Arbeiter in höhere Schichten wuchs aber auch das Lohnbedürfnis der ungelernten Arbeiter. Da dieses nicht in gleichem Maße befriedigt werden konnte, so entstanden zahlreiche Streikversuche der Handlanger; letztere lösten das lebhafte Bedürfnis nach Beseitigung der ungelernten Arbeiter aus. Das letzte Jahrzehnt der Maschinenentwicklung ist gekennzeichnet durch das lebhafte Bestreben, die Maschinen so zu bauen, daß zu ihrer Steuerung nur wenige aber intelligente und hochbezahlte Arbeitskräfte notwendig sind. Diese Entwicklung hat begonnen in den Mühlenbetrieben und ist nahezu vollendet im Hochofenbetrieb, im Stahlwerk und im Walzwerk; dagegen hat diese Entwicklung noch nicht Fuß gefaßt im Kaibetrieb und im Bergwerk, weil bei ersterem die Schwierigkeit der wechselnden Stückgröße und in letzterem die Schwierigkeit des engen Raumes zu überwinden ist. Voraussichtlich werden aber auch hier konstruktive Lösungen gefunden werden.

Die Schaubilder Fig. 7, 16, 20, 27 hatten bereits an einigen der Praxis entnommenen Beispielen gezeigt, daß die Entwicklung der jüngsten Zeit dahin geht, die Handlanger durch hochwertige Arbeiter mit vollkommenen Maschinen zu ersetzen. Gleichartige Beispiele ergeben sich aus den verschiedensten Gebieten der Praxis.

Bei den Hochöfen wurden Erze, Koks und Kalkstein bisher in Kippwagen mittels Aufzügen auf die Gicht gefördert und durch Arbeiter auf der Gichtbühne in den Hochofen geschüttet. Diese Arbeit birgt eine gewisse Gefahr in sich, weil trotz des Gichtverschlusses gelegentlich die giftigen Gase austreten können. Es fanden sich daher nur noch wenige Arbeiter, die diesen Dienst übernehmen wollten, und diese forderten höhere Löhne.

Die Amerikaner führten eine selbsttätige Begichtung in der Weise ein, daß die Aufzüge mit Kübeln ausgerüstet wurden, die bei der Ankunft auf der Gicht sich selbsttätig entleerten (Fig. 34). Der Kübel läuft auf 4 Rollen, von denen die beiden oberen auf einem Schienenpaar von etwas geringerer Spannweite laufen als die unteren beiden Rollen. Am oberen Ende der Bahn sind die Schienen der oberen Rollen nach dem Einschütttrichter zu gekrümmt, während die Schienen der unteren Rollen ihre Richtung beibehalten; infolgedessen bewegen sich die oberen Rollen nach dem Trichter zu, während die unteren nach oben weiterlaufen: der Kübel wird also gezwungen, am oberen Ende der Bahn zu kippen. In Deutschland wurde dieses Verfahren weiter vervollkommnet, um eine möglichst gleichmäßige Verteilung über den Hochofenquerschnitt und eine geringe Sturzhöhe zu erzielen.

In einer Hochofenanlage waren ursprünglich 228 Mann mit einem Lohnaufwand von 0,91 Mk. auf 1 t Roheisen erforderlich; nach Einbau von Schrägaufzügen sind nur 82 Mann notwendig, entsprechend einem Lohnaufwand von 0,28 Mk. auf 1 t. Die Anlagekosten haben sich von 1,24 Millionen Mark auf 1,75 Millionen Mark vergrößert und zu einem entsprechenden Mehraufwand von 0,35 — 0,25 = 0,10 Mk. auf 1 t Roheisen geführt. Insgesamt haben sich die Betriebskosten von 1,29 Mk. auf 0,82 Mk. vermindert, wobei die Ersparnis durch Ausschaltung der Handlanger erzielt wurde (Fig. 35).

Die Verladung von Trägern in Hüttenwerken wurde durch Krane wirtschaftlich nur wenig verbessert, so lange die Krane nur Lasthaken besaßen, an die mittels Schlingketten die Träger durch Handlanger angehängt werden mußten. Erst die Einführung vollkommener Krane mit Greifern, Zangen oder Pratzen (Fig. 36) machte die Handlanger entbehrlich. Das Gerüst des Krans bildet eine auf Schienen an den Längswänden fahrbare Brücke; auf ihr bewegt sich ein Wagen, an dem eine um einen lotrechten Zapfen drehbare Plattform hängt. Letztere trägt an Drahtseilen eine wagerechte Achse, an der mehrere gebogene Zinken — sogenannte Pratzen — befestigt sind. Durch eine zweite Reihe von Drahtseilen kann die genannte Achse gedreht werden, so daß die Zinken der Pratzen eine Schwingbewegung ausführen. Zunächst werden die Drahtseile soweit nachgelassen, daß die Pratzen unter die auf Klötzen liegenden Walzeisen greifen können; dann werden die Pratzen gehoben, nach Bedarf quer und längs gefahren und in eine andere Richtung gelegt; an den Entladestellen werden die Pratzen soweit seitwärts geschwenkt, daß die Walzeisen herabgleiten. Der auf dem Kran stehende Steuermann be=

tätigt mittels elektrischer Ströme 5 Bewegungen: Längsfahren des Krans, Querfahren des Wagens, Schwenken der Plattform, Heben und Schwingen der Pratzen. Aus dem im Schaubild Fig. 37 dargestellten Beispiel ist ersichtlich, daß vor Einbau des Krans 130 Handlanger mit einem Lohn von 3,00 Mk. im Tag erforderlich waren, während nachher nur 38 Handlanger mit 3,39 Mk. im Tag und außerdem 3 hochwertige Arbeiter mit einem Lohn von 5,07 Mk. im Tag mit der Trägerverladung beschäftigt waren. Die Verladekosten sind insgesamt von 8,58 Mk. für 1 t Walzeisen auf 3,48 Mk. für 1 t vermindert worden.

Als ein Greiforgan allereinfachster Art hat sich der Tragmagnet (Fig. 38 und 39) bewährt, der ebensowohl Roheisenmasseln, wie Eisenschrott oder irgendwelche Bleche, Träger oder Werkstücke fassen kann.

Wie verschiedenartige Handgriffe sich durch zweckmäßig konstruierte Krane ersetzen lassen, ist aus Fig. 40 erkennbar. Zunächst ergreift die Zange die Kokille, d. h. die stählerne Form, in die vorher flüssiger Stahl gegossen worden war. Dann drückt ein Stempel den Stahlblock heraus. Nun hebt ein seitlicher Arm mittels eines Tragmagneten den Deckel des Tiefofens ab; die Zange erfaßt den Stahlblock und senkt ihn in den Tiefofen, worauf der Seitenarm den Deckel wieder auflegt. Alle diese verschiedenartigen Bewegungen werden durch Elektromotoren ausgeführt, die ein einziger Kranführer steuert.

Die erforderliche Genauigkeit dieser vielgestaltigen Bewegungen wird dadurch ermöglicht, daß die Last nicht mehr frei an einer Kette oder an einem Seil pendelnd, sondern zwangläufig in einer starren Führung gehoben wird.

In einem Stahlwerk waren zum Transport der glühenden Blöcke ursprünglich 23 Mann erforderlich, nach dem Einbau eines Blockkrans mit gesteuerter Zange (Fig. 41) waren nur noch 7 Mann notwendig, wodurch die Förderkosten von 0,89 Mk. für 1 t auf 0,44 Mk. verringert wurden (Schaubild Fig. 42). Der Blockkran selbst besteht aus einer auf Schienen an den Längswänden fahrbaren Brücke, auf der ein Wagen läuft. Letzterer trägt ein nach unten hängendes Gerüst, indem eine lotrechte Stahlsäule drehbar und hebbar gelagert ist. Das untere Ende dieser Säule ist mit einem wagerechten Arm ausgerüstet, dessen vorderes Ende als Greifzange für die Stahlblöcke ausgebildet ist. Am hinterem Ende des Arms befindet sich der Führerstand, von dem aus mittels elektrischer Ströme fünf Bewegungen beherrscht werden: Längsfahren der Brücke, Querfahren des Wagens, Heben der Säule, Drehen der Säule, Schließen der Zange.

Zuweilen läßt schon der flüchtige Blick erkennen, wie sehr durch die Aufstellung vollkommener Maschinen der Handlangerdienst eingeschränkt wird. Fig. 43 zeigt den hölzernen Pferdegöpelkran eines Steinbruches, der vor kurzem abgebrochen und durch den eisernen Kran mit elektrischem Antrieb (Fig. 44) ersetzt wurde. Während bei ersterem zum Drehen des Göpels und des Auslegers mehrere Handlanger notwendig waren, ist für den elektrischen Kran nur ein Steuermann erforderlich.

Ein Beispiel aus der Leuchtgaserzeugung gibt das Schaubild Fig. 45. Im Gaswerk Charlottenburg waren im Jahre 1904 zur Erzeugung von 1 000 000 cbm Leuchtgas 1,1 gelernte Arbeiter und 9,33 Handlanger tätig. Nach der Aufstellung von Lagerplatzkranen und Anbau einer Wassergasanstalt waren zur Erzeugung der gleichen Gasmenge nur noch 0,95 gelernte Arbeiter und 7,22 Handlanger notwendig. Die Ausgaben für Löhne (= Flächen des Schaubildes) haben sich aber nicht im gleichen Verhältnis, sondern nur von 4,52 Mk. auf 3,95 Mk. für 1 000 000 cbm Gas verringert. Es sind also die technischen Verbesserungen im wesentlichen den Arbeitern zugute gekommen: der Durchschnittslohn der Handlanger ist von 0,425 Mk. auf 0,475 Mk. in der Stunde gestiegen, der Lohn der gelernten Arbeiter von 0,50 Mk. auf 0,55 Mk. Der Hauptvorzug der neuen technischen Mittel ist in der Verminderung der Streikgefahr zu erblicken, die bei einem Gaswerk wegen der weitgreifenden Wirkungen besonders bedenklich ist.

Schließlich ist im Schaubild Fig. 46 noch ein Beispiel aus dem Großstadtverkehr dargestellt. Die bisher übliche Reinigung der Straßenbahnschienen durch Handarbeit verursacht Kosten im Betrag von 1,03 Mk. auf 1 km Geleis. Die neuerdings in Hannover eingeführte Reinigung durch einen mit Brause, Rillenkratzer und Vakuumreiniger ausgerüsteten elektrisch betriebenen Straßenbahnwagen (Fig. 47) erfordert nur 0,28 Mk für 1 km. Bei der Vorwärtsfahrt dieses Wagens spritzt aus den vor den Vorderrädern angebrachten Brausen Wasser auf den Staub und verhindert das Wegfliegen des Staubes; dann befördern die zwischen den Rädern angeordneten Kratzer den Staub aus den Rillen, und gleichzeitig saugt ein im Innern des Wagens angebrachter elektrisch angetriebener Ventilator den Staub durch Rohre bis zu einem Behälter, der im Wagen mitgeführt wird. Ist letzterer gefüllt, so fährt der Wagen zu einem Entladeplatz, entleert den Staubbehälter und füllt den Wasserbehälter. Außer dem Steuermann des Wagens sind keine Arbeitskräfte erforderlich. Das wirtschaftliche Ergebnis ist wieder erzielt worden durch den Ersatz der Handlanger durch einen hochwertigen Arbeiter — den Steuermann des Wagens — in Verbindung mit einer selbsttätig arbeitenden Maschine.

Von dieser Entwicklung — Ersatz des Handlangers durch vollkommene, von hochwertigen Arbeitern gesteuerte Maschinen — sind verschiedene Gebiete der Technik noch nicht berührt worden. So zeigt Fig. 48 die elektrisch betriebenen Kaikrane des neuesten Hamburger Hafenbeckens. Diese Krane tragen einfache Lasthaken: es muß also durch Handlanger im Schiffsraum um die Last jedesmal zunächst eine Seilschleife gelegt und diese Schleife in den Haken eingelegt werden. Nachdem der Kran die Last aus dem Schiff heraus gehoben und nach dem Kai geschwenkt hat, müssen dort weitere Handlanger die Seilschleife wieder abnehmen. In einem Seehafen wie Hamburg sind einige Tausend solcher Handlanger — sogenannte Schauerleute — mit dieser Arbeit beschäftigt. Trotzdem die Löhne nicht niedrig sind, sind diese Schauerleute doch sehr zum Streik geneigt. Es würde einen wirtschaftlichen Fortschritt von großer Tragweite bedeuten, wenn es gelänge, Krane zu bauen, die mit irgendwelchen elektrisch betätigten Zangen oder Greifern in den Schiffsraum faßten und mit geringer Beihilfe die Lasten ergreifen könnten. Die Verschiedenartigkeit der Lasten — Baumwollballen, Fässer, Mahagonistämme, Säcke — erschwert die Aufgabe außerordentlich; immerhin ist es denkbar, daß durch geschickte Konstruktionen passende Lösungen gefunden werden.

Eine ganze Reihe von Beispielen ließe sich anführen, bei denen der Ersatz der Handlangerarbeit bereits gelungen ist: die Verdrängung der Hilfsmaschinenwärter durch Ringschmierlager und durch Zentralschmierung, sowie durch Einführung der Turbomaschinen an Stelle der Kurbeltriebmaschinen, die Ausschaltung der Bogeneinlegerinnen bei Schnellpressen durch Saugluftgreifer, der Ersatz der Revolverbankjungen durch Automaten, die Ersparnis von Aufzugführern bei Anwendung der Druckknopfsteuerung. Scheinbar tritt an einzelnen Stellen eine rückläufige Bewegung ein, z. B. dann, wenn in einem Werk eine größere Zahl von Drehbänken durch Revolverbänke ersetzt wird; eine um so stärkere Vorwärtsbewegung ist in diesem Fall dann zu beobachten, wenn bei weiterer Entwicklung die Revolverbänke durch Automaten verdrängt werden. Am letzten Ende führt die Entwicklung überall zur Ausschaltung des Handlangers.

Aus dieser Entwicklung ist der fünfte Grundgedanke der Maschinentechnik erkennbar: die Verwertung des

Menschen nicht als Muskelmaschine, sondern als denkendes Wesen im Rahmen der Arbeitsteilung. Die Durchführung dieses Gedankens gehört der jüngsten Zeit an und dürfte in der Zukunft außerordentlich umfangreiche und fruchtbare Wirkungen herbeiführen. Das Hauptmittel zur Nutzbarmachung dieses Gedankens bildet die elektrische Kraftverteilung.

Zusammenfassung.

Der Überblick über die jüngste Entwicklung der Maschinentechnik ließ als hervorstechendsten Grundzug der Arbeit des letzten Jahrzehnts das Bestreben erkennen, die Maschinen unter Zuhilfenahme der elektrischen Kraftverteilung so zu vervollkommnen, daß sie nicht nur ihren Hauptzweck erfüllen — Förderbewegung oder Werkzeugbewegung —, sondern daß sie darüber hinaus auch alle Hilfsgriffe und Handreichungen selbst ausführen. Es geht also die Entwicklung nicht, wie vielfach angenommen wird, dahin, daß immer mehr Handlanger in den Dienst der Maschine gestellt werden. Tatsächlich werden im Gegenteil die Handlanger immer mehr ausgeschaltet; an ihre Stelle tritt eine geringe Zahl hochwertiger Arbeiter, die die notwendige Intelligenz und Fachbildung besitzen, um die vollkommenen Maschinen zu verstehen und richtig zu lenken.

Wenn auch zunächst die an einer Stelle eines Werkes überflüssig gewordenen Handlanger infolge Steigerung der Produktion an anderer Stelle verwendet werden können, so wird doch jedenfalls der Zuwachs von Handlangern in der Zukunft nur gering sein können; nur das Bedürfnis nach gelernten Arbeitern wird bestehen bleiben und zunehmen. Es wird daher eine Fachausbildung in der Zukunft wertvoller sein als irgend eine Kranken- oder Altersversicherung, denn der ungelernte Arbeiter wird so wenig zu brauchen sein wie der ungesunde. Ein Staat, der nicht auf irgend eine Art dafür sorgt, daß die heranwachsende Generation eine Fachbildung erhält, wird vielleicht in Zukunft in die gleiche Bedrängnis geraten wie ein Staat, der hölzerne Kriegsschiffe mit Vorderladekanonen in den Kampf gepanzerter Linienschiffe mit Schnelladegeschützen schickt.

Jeder Kolonialkrieg hat gezeigt, in welch hohem Maß eine numerische Übermacht durch vollkommenere technische Waffen und durch kriegsmäßige Ausbildung überwunden werden kann: das Maschinengewehr siegt über eine Vielzahl von Magazingewehren. In gleicher Weise wird man aus der Erkenntnis der jüngsten maschinentechnischen Entwicklung die Schlußfolgerung ziehen dürfen, daß die industrielle Zukunft nicht dem Staat mit der größten Einwohnerzahl, sondern dem Staat mit der intelligentesten, tüchtigsten und bestausgebildeten Bevölkerung gehören wird.

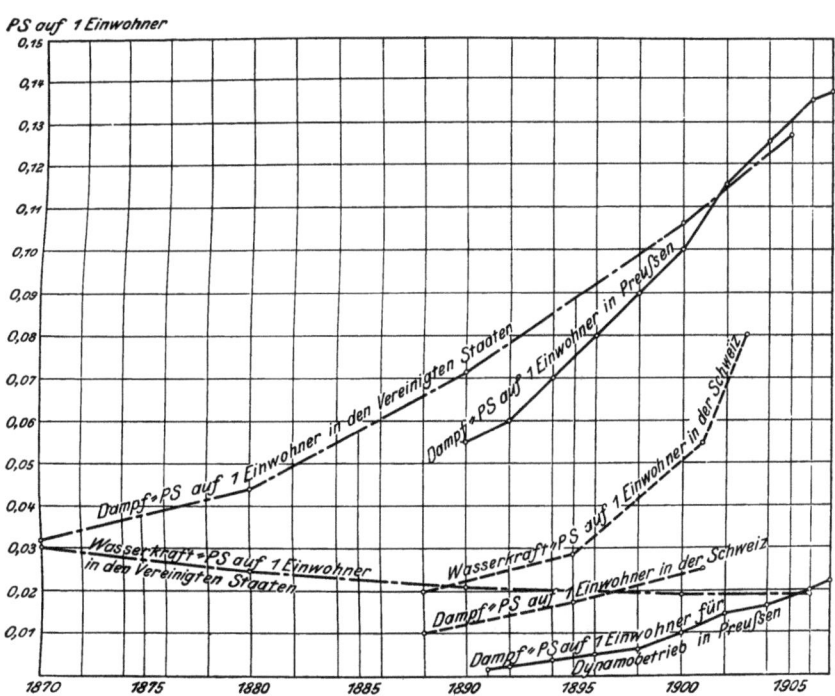

Fig. 1. Entwicklung der Dampfkraft und Wasserkraft in Preußen, in der Schweiz und in den Vereinigten Staaten.
Zusammengestellt nach den Statistischen Jahrbüchern für Preußen und für die Schweiz und nach Fellenberg, E. T. Z. 1909 S. 1017.

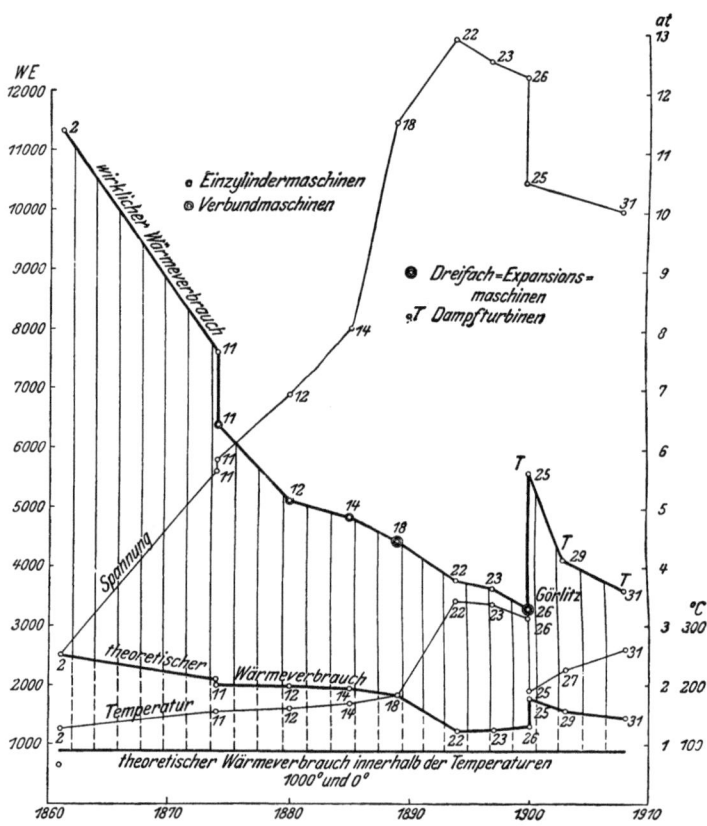

Fig. 2. Entwicklung des Wärmeverbrauchs von Dampfmaschinen.
Zusammengestellt hauptsächlich nach der Tabelle von Mollier in der Zeitschrift des Vereins deutscher Ingenieure 1898 Seite 689.

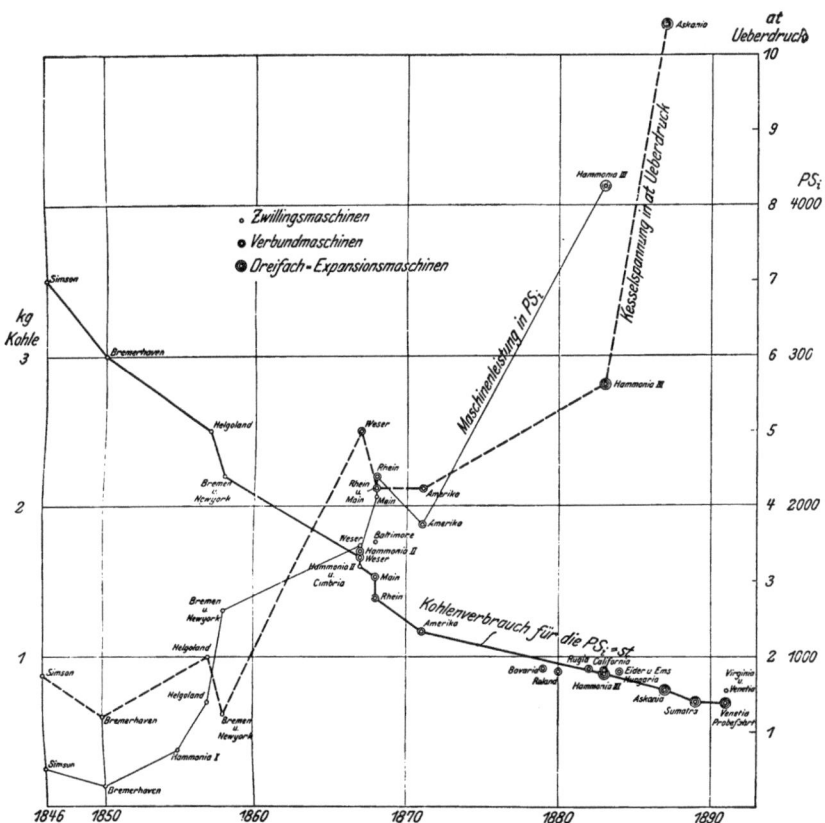

Fig. 3. Entwicklung des Kohlenverbrauchs von Schiffsmaschinen.
Zusammengestellt nach den Mitteilungen von Haak und Busley, Z. d. V. d. J. 1893.

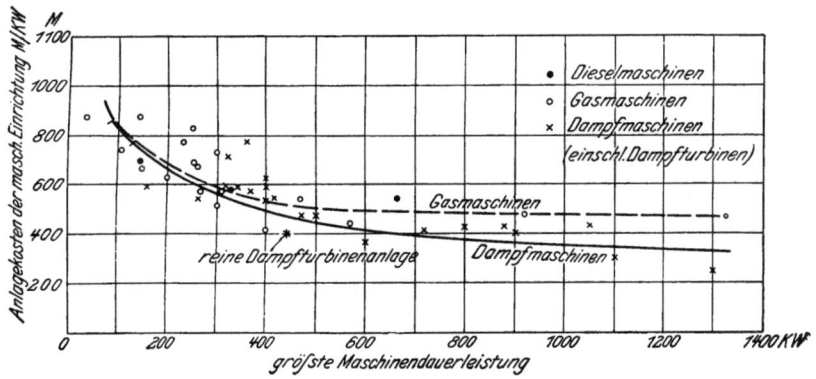

Fig. 4. Einfluß der Maschinengröße auf die Anlagekosten.
Entnommen aus: Joffe, „Neuere Kraftanlagen".

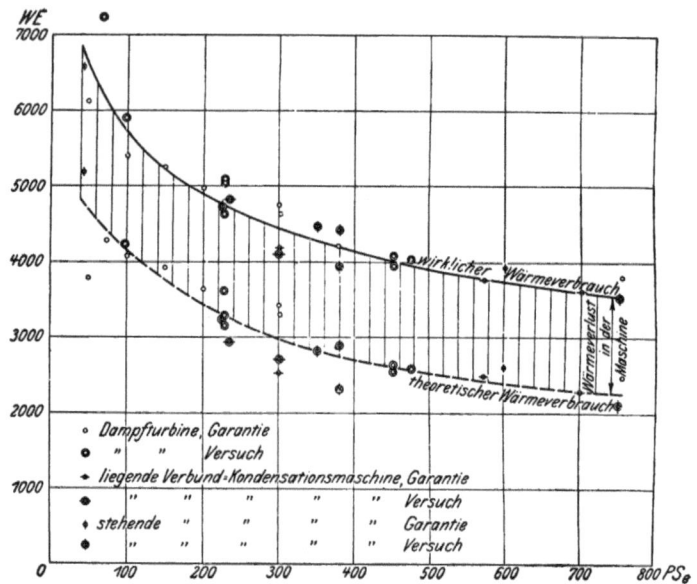

Fig. 5. Einfluß der Maschinengröße auf den Wärmeverbrauch.
Zusammengestellt nach Josse, „Neuere Kraftanlagen".

Fig. 6. Kettenrost.
Ausführung der Deutschen Babcock und Wilcox Dampfkessel-Werke A.G. in Berlin.

Kammerer, Ursachen. IV

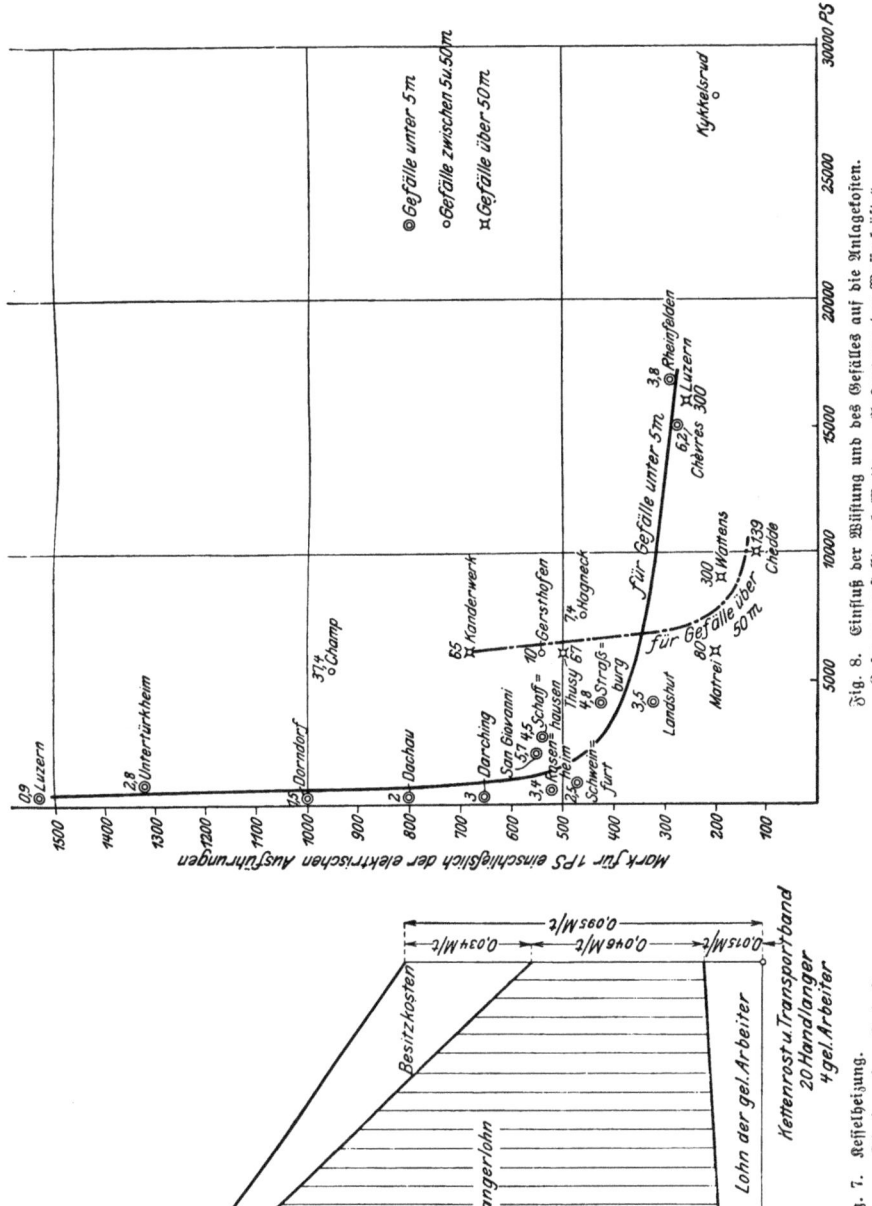

Fig. 7. Reißheigung.
Nach Mitteilung von Oberingenieur Sylvester.

Fig. 8. Einfluß der Wüstung und des Gefälles auf die Anlagekosten.
Zusammengestellt nach Mattern, „Ausnützung der Wasserkräfte".

Kammerer, Ursachen.

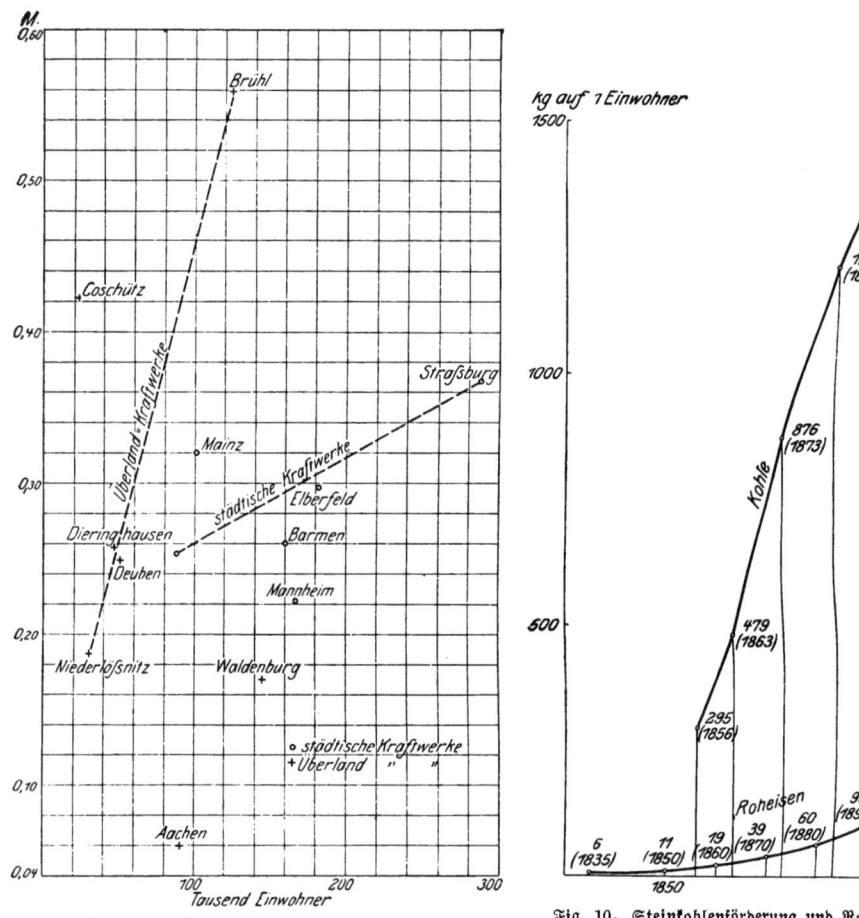

Fig. 9. Anlagekosten von Leitungsnetzen.
Zusammengestellt nach der „Statistik der Vereinigung der Elektrizitätswerke" 1907.

Fig. 10. Steinkohlenförderung und Roheisenverbrauch in Deutschland.
Zusammengestellt nach dem „Statistischen Jahrbuch für das Deutsche Reich".

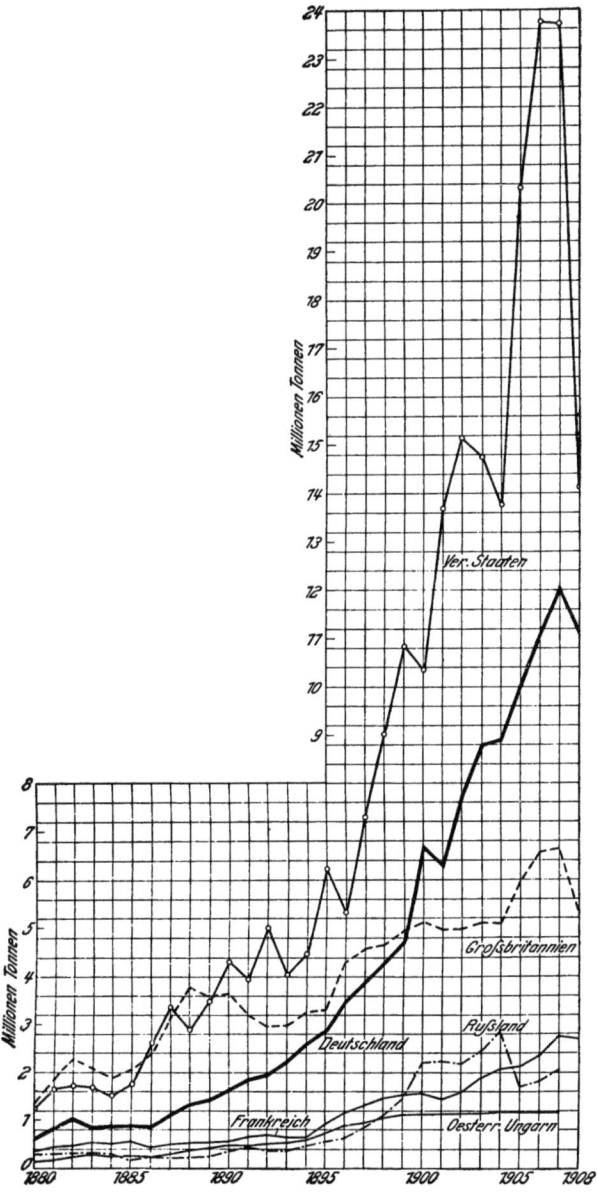

Fig. 11. Roheisenerzeugung in verschiedenen Ländern.
Entnommen aus: „Stahl und Eisen".

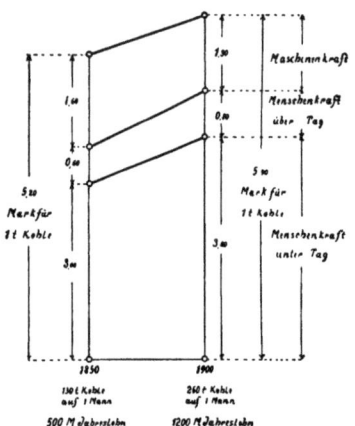

Fig. 12. Kosten der Menschenkraft und Maschinenkraft im Bergwerksbetrieb. Zusammengestellt nach: „Sammelwert" Band 12.

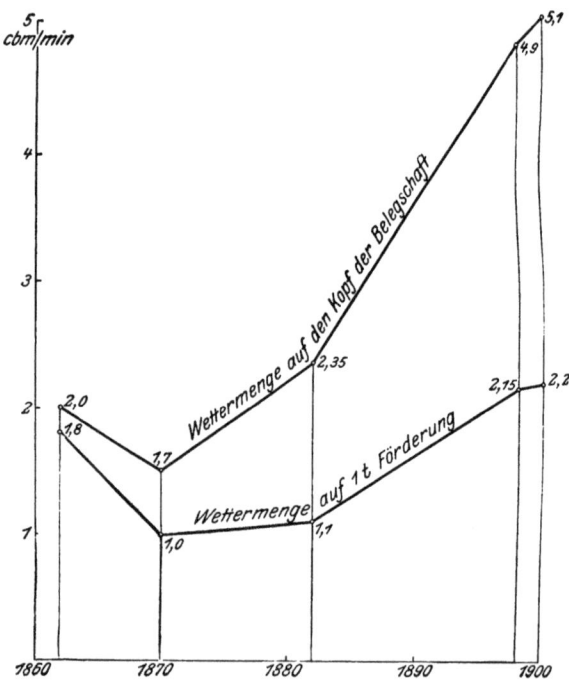

Fig. 13. Entwicklung der Bewetterung im Bergwerksbezirk Dortmund. Zusammengestellt nach „Sammelwert" Band 16.

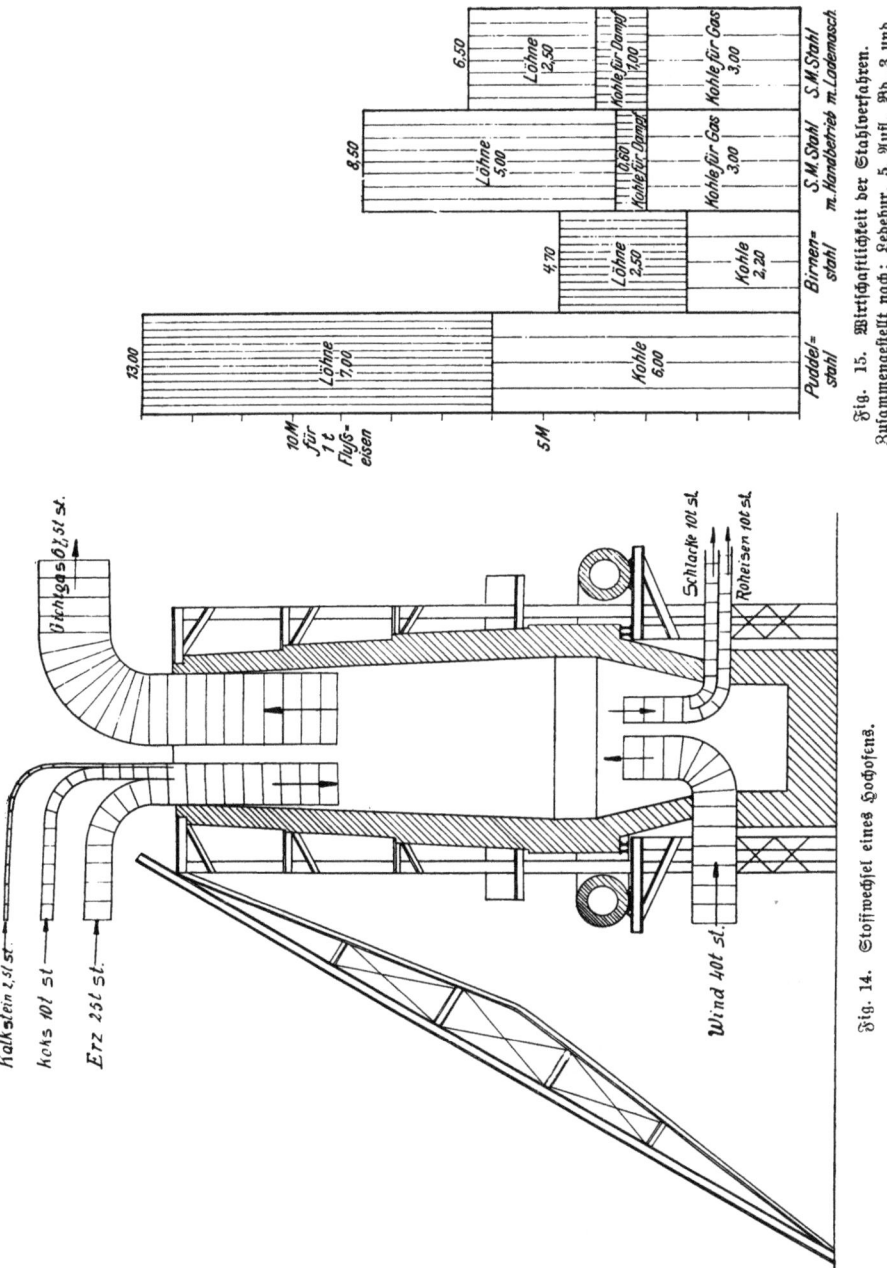

Fig. 14. Stoffwechsel eines Hochofens.

Fig. 15. Wirtschaftlichkeit der Stahlverfahren.
Zusammengestellt nach: Ledebur, 5. Aufl. Bd. 3 und nach: Stahl und Eisen, 1901, Seite 1305.

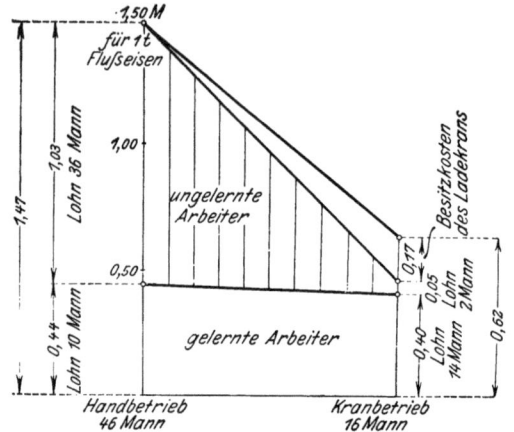

Fig. 16. Laden von Martinöfen.
Nach Mitteilung von Oberingenieur Sylvester.

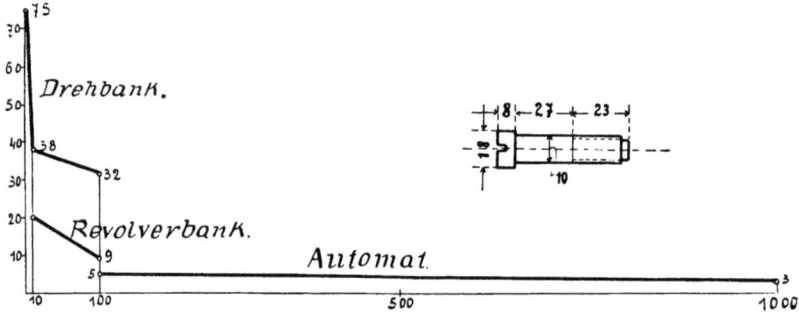

Fig. 17. Herstellungskosten einer Schraube.
Nach Mitteilung von Professor Dr.-Ing. Schlesinger.

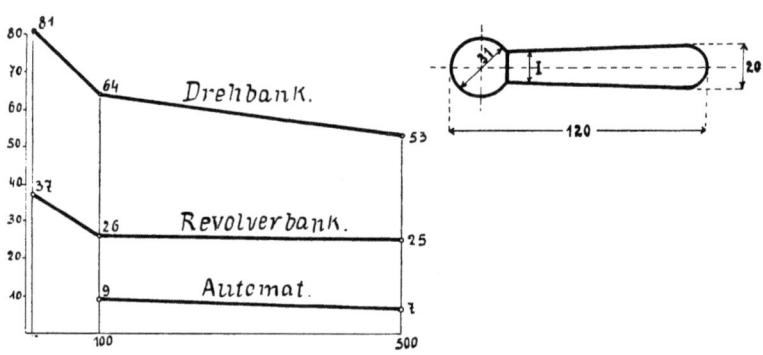

Fig. 18. Herstellungskosten eines Handgriffs.
Nach Mitteilung von Professor Dr.-Ing. Schlesinger.

Kammerer, Ursachen.   X

Fig. 19. Schaufelbagger.

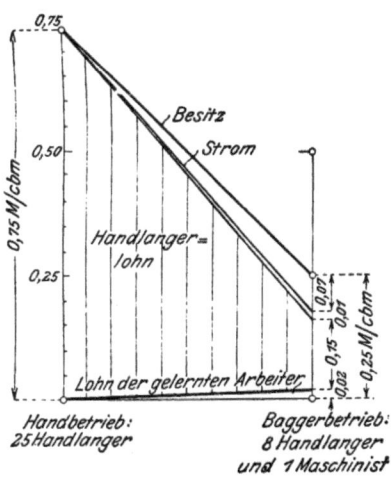

Fig. 20. Erdarbeit.
Nach Mitteilung von Dipl.-Ing. Weinberger.

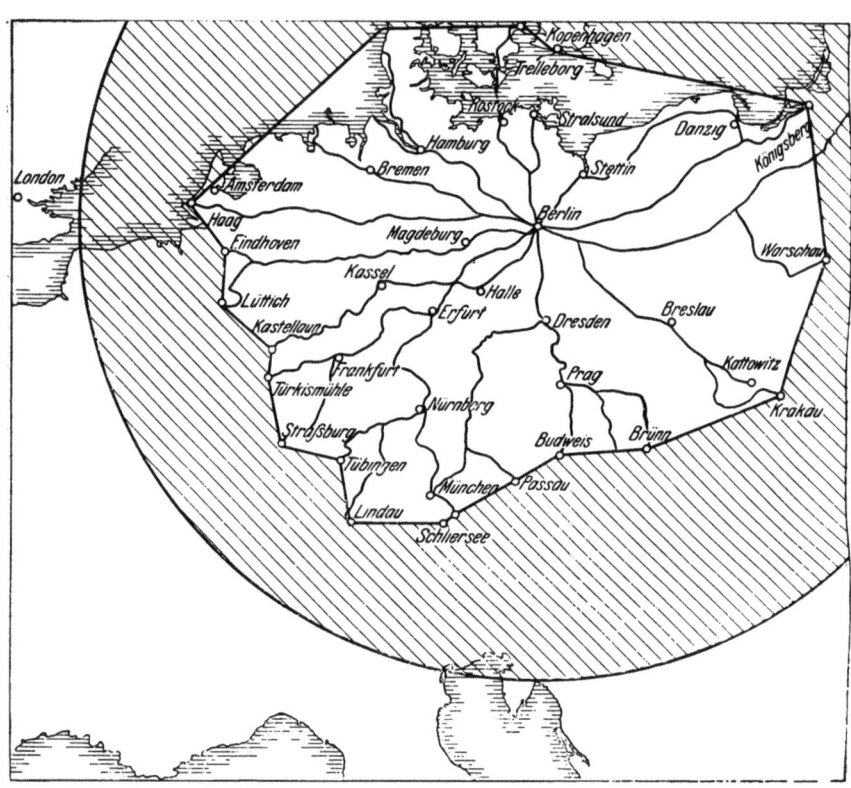

Fig. 21. Orte, die von Berlin in 12 Stunden erreichbar sind.
Zusammengestellt nach dem Reichskursbuch.

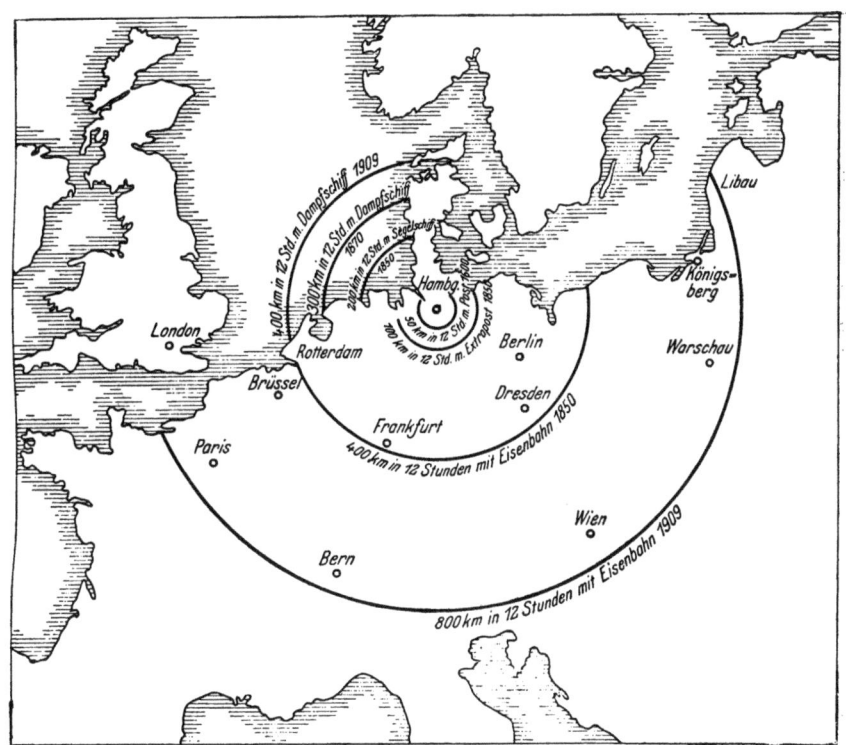

Fig. 22. Reisewege von Hamburg für 12 Stunden Reisezeit.
Zusammengestellt hauptsächlich nach: Matschoß, „Geschichte der Dampfmaschine".

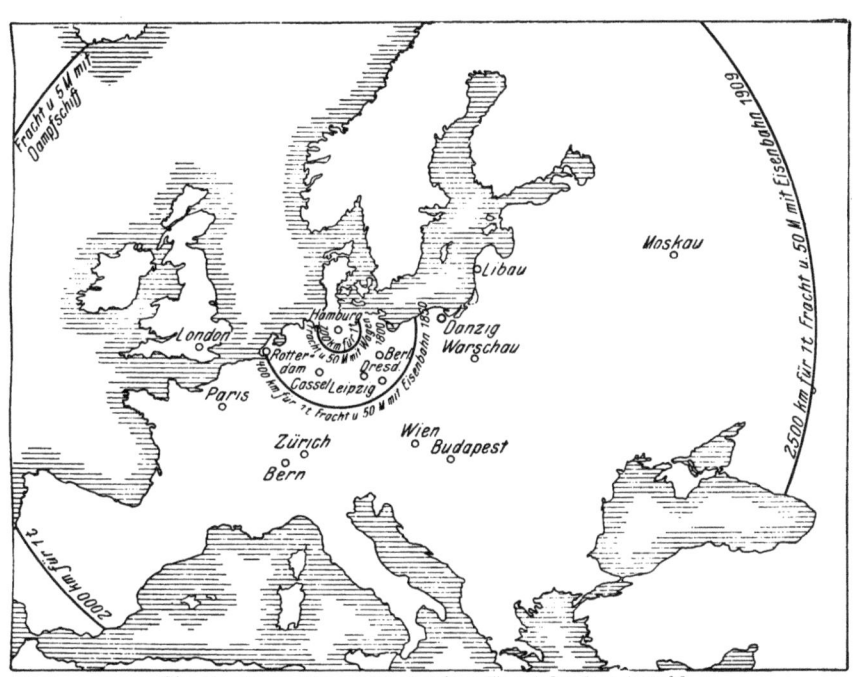

Fig. 23. Transportwege von Hamburg für 1 t Fracht und 50 hl.
Zusammengestellt hauptsächlich nach: Matschoß, „Geschichte der Dampfmaschine".

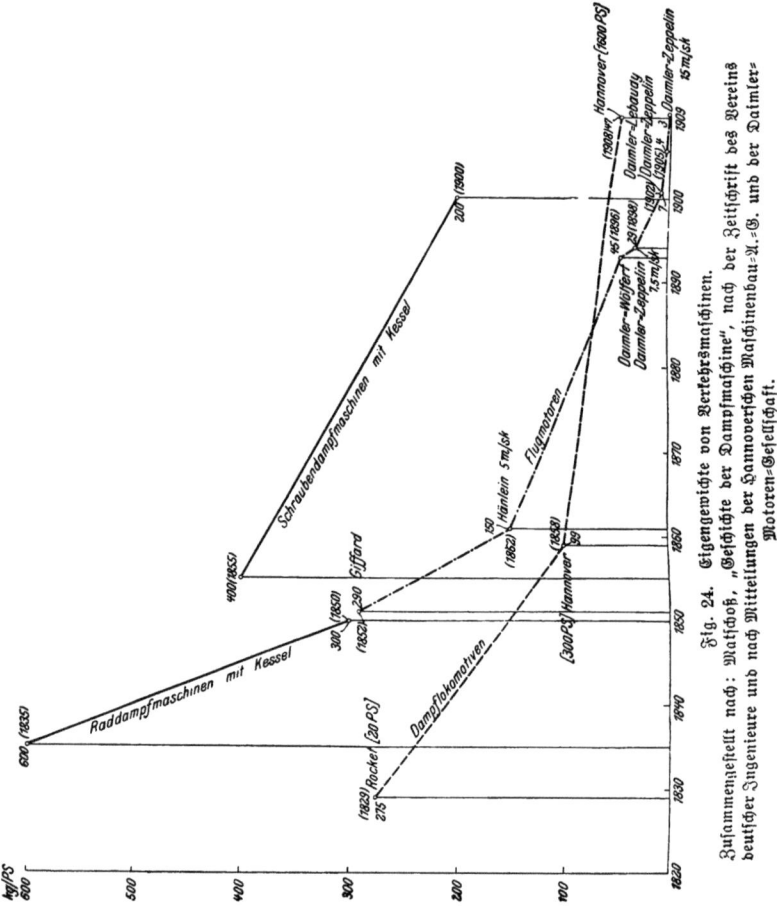

Fig. 24. Eigengewichte von Verkehrsmaschinen. Zusammengestellt nach: Matschoß, "Geschichte der Dampfmaschine", nach der Zeitschrift des Vereins deutscher Ingenieure und nach Mitteilungen der Hannoverschen Maschinenbau-A.-G. und der Daimler-Motoren-Gesellschaft.

Fig. 25. Brückenkran.
Ausführung der Firma Fried. Krupp, A.G. Grusonwerk.

Fig. 26. Selbstgreifer.

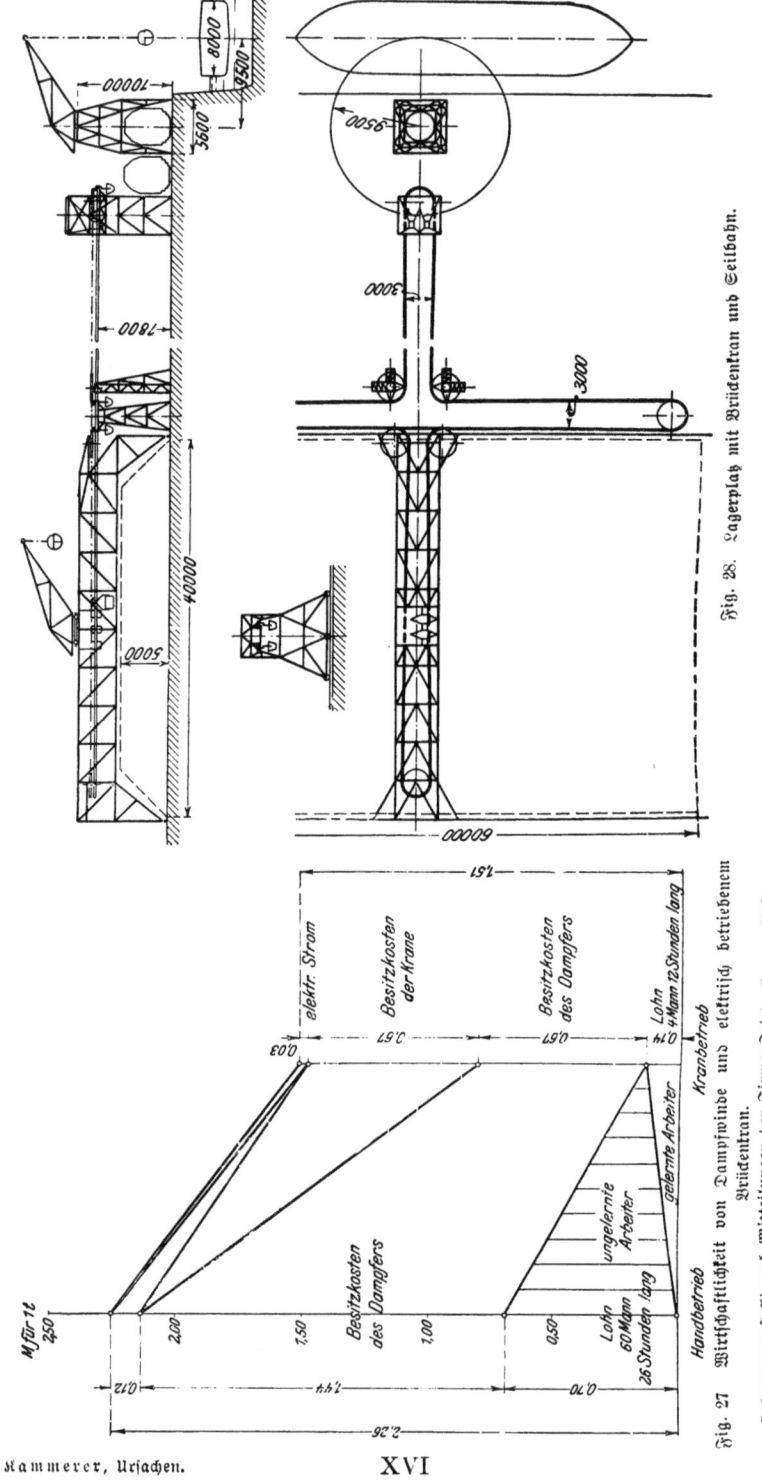

Fig. 28. Lagerplatz mit Brückenkran und Seilbahn.

Fig. 27. Wirtschaftlichkeit von Dampfwinde und elektrisch betriebenem Brückenkran.
Zusammengestellt nach Mitteilungen der Firma Fried. Krupp, A.G. Grusonwerk.

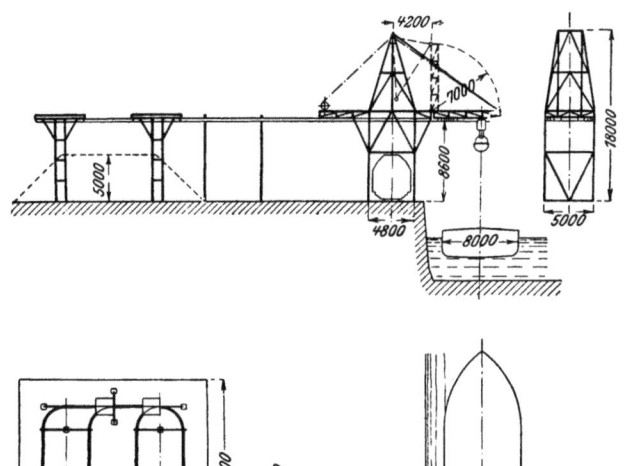

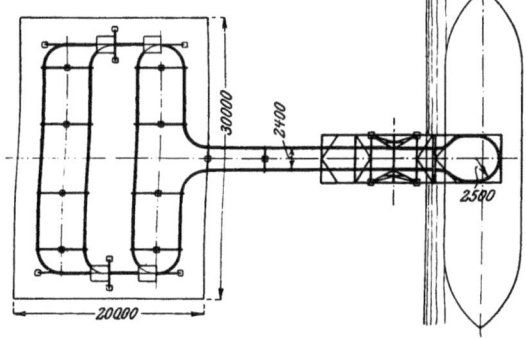

Fig. 29. Lagerplatz mit Laufwinden.

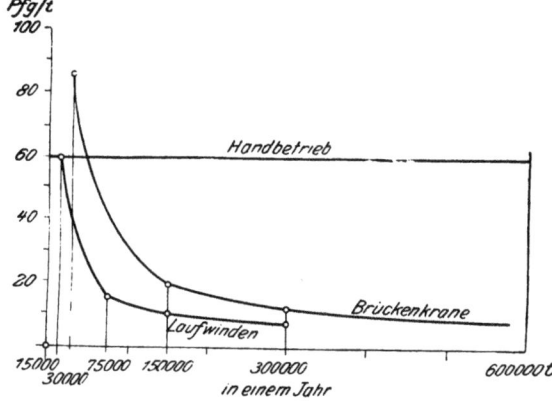

Fig. 30. Bekohlung eines Lagerplatzes.

Kammerer, Ursachen. XVII

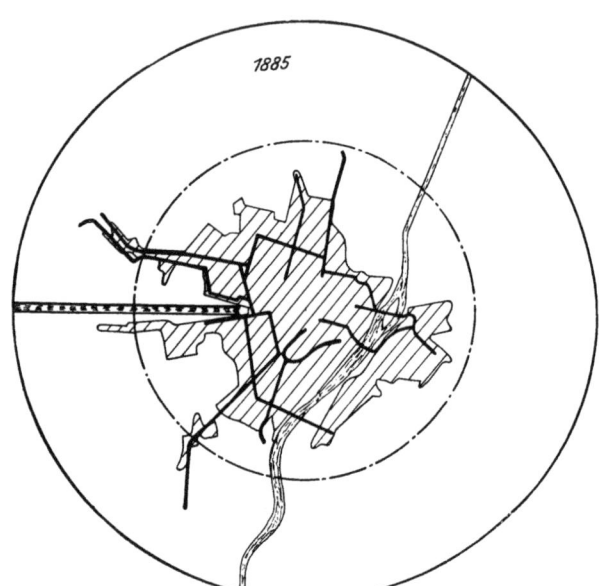

Fig. 31. Entwicklung Münchens.
Zusammengestellt nach Stadtplänen von Brunn, Beckmann und Straube.

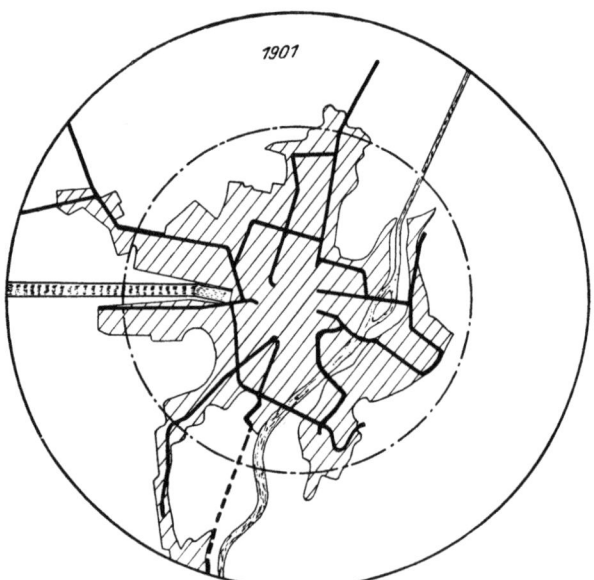

Fig. 32. Entwicklung Münchens.
Zusammengestellt nach Stadtplänen von Brunn, Beckmann und Straube.

Kammerer, Ursachen. XVIII

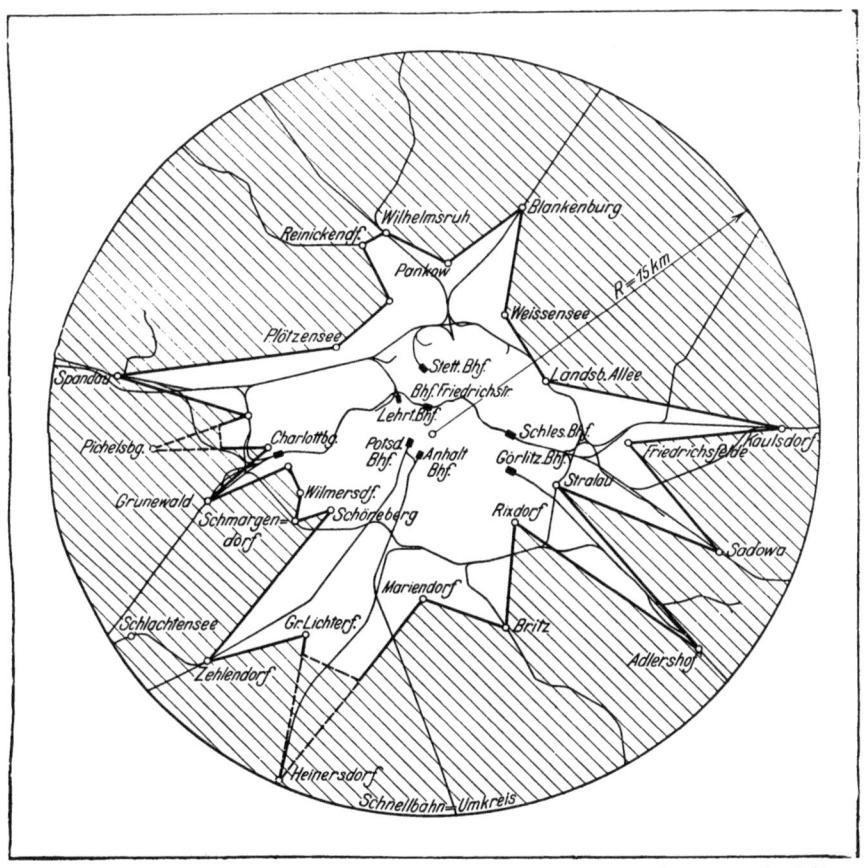

Fig. 33. Mögliche und wirkliche Verkehrsgrenze für eine Fahrtdauer von 30 Minuten und eine Reisegeschwindigkeit von 15 km.
Zusammengestellt nach dem Fahrplan von Kießling.

Fig 34. Selbsttätige Hochofenbegichtung.

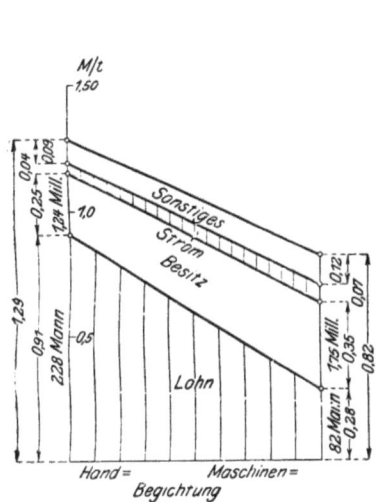

Fig. 35. Hochofenbegichtung.
Nach Mitteilungen von Dipl.-Ing. Klönne.

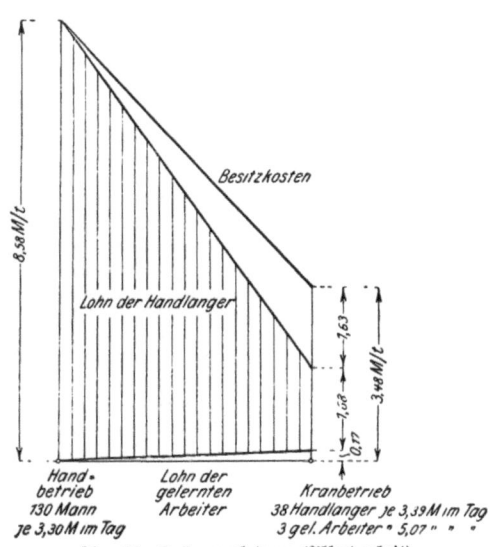

Fig. 37. Trägerverladung (Akkordarbeit).
Nach Mitteilungen von Oberingenieur Sylvester.

Fig. 36. Pratzenkran.
Ausführung der Märkischen Maschinenbauanstalt Ludwig Stuckenholz, A.-G., in Wetter (Ruhr).

Kammerer, Ursachen.

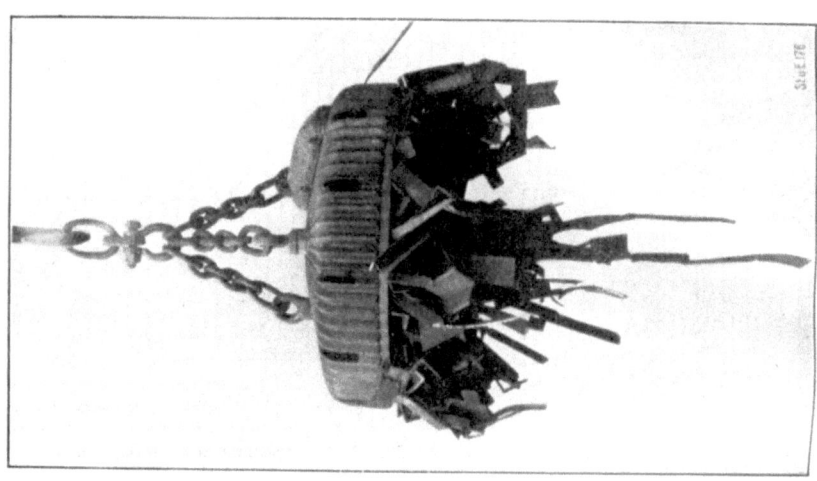

Fig. 39. Tragmagnet mit Eisenschrott.
Entnommen aus: „Stahl und Eisen".

Fig. 38. Tragmagnet mit Roheisenmassen.
Entnommen aus: „Stahl und Eisen".

Fig. 40. Tiefofentran.
Ausführung der Märkischen Maschinenbauanstalt Ludwig Stuckenholz, A.G., in Wetter (Ruhr)

Fig. 41. Zangenkran.
Ausführung der Märkischen Maschinenbauanstalt Ludwig Stuckenholz, A.G., in Wetter (Ruhr).

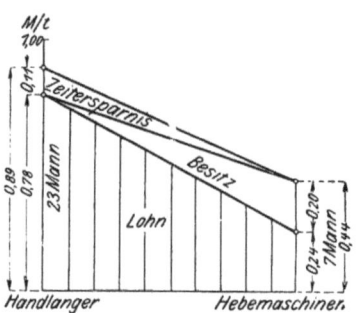

Fig. 42. Blocktransport.
Nach Mitteilungen von Oberingenieur
Sylvester.

Fig. 43. Alter Kran mit Göpel.

Fig. 44. Neuer Kran mit elektrischem Antrieb.
Ausführung der Benrather Maschinenfabrik, A.G., in Benrath bei Düsseldorf.

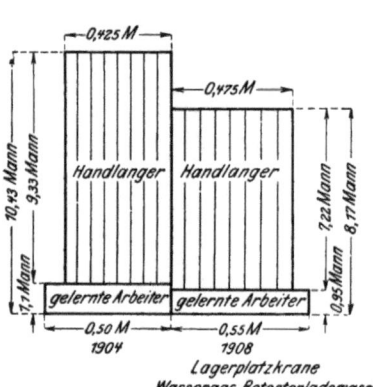

Fig. 45. Herstellung von 1 Million Kubikmeter Leuchtgas in Charlottenburg.
Nach Mitteilungen von Direktor Pfudel.

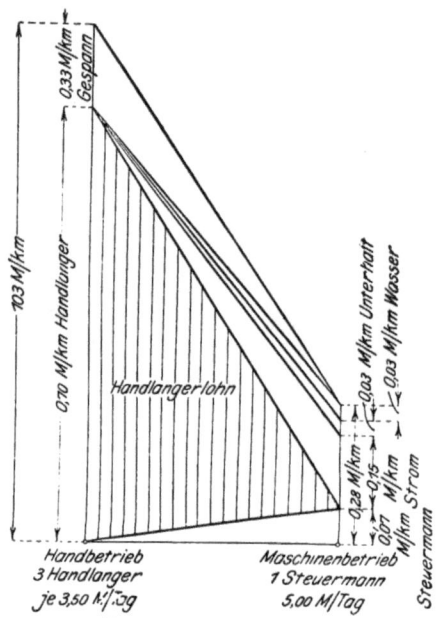

Fig. 46. Schienenreinigung.
Nach Mitteilungen von Oberingenieur Schörling.

Fig. 47. Schienenreinigungsmaschine.
Ausführung der „Vereinigten Isolatorenwerke", A.G., in Berlin.

Fig. 48. Kaikrane des Hamburger Kaiserhafens.
Ausführung der Benrather Maschinenfabrik A.-G.

Printed by Libri Plureos GmbH
in Hamburg, Germany